崔海洋 ◎ 著

西南民族地区
农业经济研究

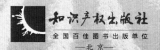

知识产权出版社
全国百佳图书出版单位
—北京—

图书在版编目（CIP）数据

西南民族地区农业经济研究 / 崔海洋著. — 北京 :知识产权出版社, 2021.10
ISBN 978-7-5130-7704-0

Ⅰ.①西… Ⅱ.①崔… Ⅲ.①民族地区经济－区域经济发展－研究－西南地区 Ⅳ.①F127.8

中国版本图书馆CIP数据核字（2021）第181598号

内容提要

本书围绕西南地区传统农业生计的优越性及与现代技术的关系展开论述,探讨森林与稻田、农田与畜牧、畜牧与森林等具体生产项目之间有序并存的互动关系。在结构上分为理论与方法、稻作经济和茶叶产业三个专题,各成一篇,本书中所使用的资料,部分来自田野考察,部分来自历年资料库中搜集的材料,强调研究的现场性、可靠性和原始性。目的在于赋予民族文化生态的研究以真正的活力和现实的生命力。希望能够对中国乡村振兴战略的伟大构想的实现,提供一些学理上的反思和推进路径上的借鉴。

本书适合农业经济专业师生、科研人员、政府相关部门人员等参考。

责任编辑：王　辉　　　　　　　　　　　　　责任印制：孙婷婷

西南民族地区农业经济研究
XINAN MINZU DIQU NONGYE JINGJI YANJIU
崔海洋　著

出版发行：知识产权出版社有限责任公司	网　　址：http:// www. ipph. cn
电　　话：010－82004826	http:// www. laichushu. com
社　　址：北京市海淀区气象路50号院	邮　　编：100081
责编电话：010－82000860转8381	责编邮箱：laichushu@cnipr.com
发行电话：010－82000860转8101	发行传真：010－82000893
印　　刷：北京中献拓方科技发展有限公司	经　　销：各大网上书店、新华书店及相关专业书店
开　　本：720mm×1000mm　1/16	印　　张：11
版　　次：2021年10月第1版	印　　次：2021年10月第1次印刷
字　　数：170千字	定　　价：56.00元

ISBN 978－7－5130－7704－0

自　序

　　2013年11月，习近平总书记在湖南省湘西土家族苗族自治州花垣县十八洞村进行考察。在这次考察中，习近平作出了"实事求是、因地制宜、分类指导、精准扶贫"的重要指示。至此之后，"精准扶贫"成为我国乡村社会经济建设的主要任务，亦是中国共产党执政的内容之一。在过去几年精准扶贫道路上，经过全国人民的共同努力，我国乡村经济获得了高速发展，绝对贫困人口不断减少，取得了扶贫攻坚的重大阶段性胜利。但在消除绝对贫困问题之后，相对贫困问题依旧存在，而且将是一个更为持久的社会性问题。所以，探寻一套可持续应用和发展的社会保障机制至关重要。乡村振兴战略正是下一阶段我国乡村社会经济建设的重大战略举措，也是维护和确保精准扶贫成果能够得到延续与发展的基本保障。

　　2017年，在党的十九大会议上，习近平总书记作了《决胜全面建成小康社会夺取新时代中国特色社会主义伟大胜利》的报告。在报告中，习近平总书记首次提出实施乡村振兴战略的伟大构想。乡村振兴战略的总体要求，是要在我国乡村社会中，推行"产业兴旺、生态宜居、乡风文明、治理有效、生活富裕"的现代化新型乡村社会。这一宏伟的乡村建设战略构想，不仅涉及乡村社会的经济问题，而且涉及乡村社会的文化问题，尤其是党的治国理念和以人为本的执政方针等新时代中国特色社会主义核心价值观问题。通过对几十年来我国社会建设的观察，尤其是对当前精准扶贫社会实践的思考，我们更加深切地感受到马克思所阐述的经济基础决定上层建筑的理论的正确性，乡村振兴战略的核心问题，仍然是产业经济的问题。只有在产业经济获得稳定、健康并可持续发展的前提下，才可能真正实现乡村振兴这一宏伟目标。产业经济的发展能够提升乡村社会人群的稳定收入，是开展乡村政治、传递生态文明、宣传党的执政方针与理念的根本前提。与此同时，也只有乡村社会稳定发展，才可能杜绝农村人口如潮水般地涌向城镇的现象。保持乡村稳定的规模化的人口，是乡村振兴战略的关键，也是乡村振兴战略的重大意义所在。如何留住乡村人口，以何种方式和理念去推动乡村人口的稳定扩大，是一个重大的社会性难题。这个难题的关键指向，正是乡村产业问题。

在前工业文明阶段的漫长历史岁月中，人与自然之间的关系之所以没有显示出极为紧张的对立状态，是因为传统生计模式具有极强的仿生性。所谓仿生性，即模仿自然界生物物种间的生存关系，并通过文化将这样的自然智慧融入对生态资源的认知、改造和利用过程中。这样一来，经济活动对生态系统的恶性影响大大降低，基本上能够达到经济效益与生态环境保护的双重统一。传统产业本身是一项劳动密集型产业，需要大量的人口，因而可以创造出很多的就业机会，缓解城镇人口过于密集而产生的就业问题。更为重要的是，在工业产品不断挑战生态环境问题、人的健康问题的当代社会里，传统产业不仅有助于修复受损的生态系统，而且还能够提供安全的生态食品。笔者在研究亲环境农业过程中，始终坚持深度挖掘具有区域特色的传统生态产业。

十几年来，笔者一直从事传统中国农业经济问题的研究，尤其倾向于亲环境农业研究。在研究中，笔者不断尝试对传统农业的生态价值与经济价值进行辩证分析，发现传统农业的生态价值与经济价值的二重统一，正是当代中国乡村振兴战略所急需。为了能够对中国下一步的乡村振兴战略有所帮助，在这十多年中，笔者对中国西南地区的传统农业与经济问题展开过不少专题研究与讨论。这些研究成果，有的是应时而作，有的是应需而书，有的是应邀而为，而有的则是总体上的理论与方法的反思，它们大体上反映出笔者在亲环境农业领域中的一系列思考。为了能够推广亲环境农业的生态理念与经济思想，笔者筛选了近年来所撰写的数十篇短文，汇集为一个集子，以便人们批评和参考，希望能够对中国乡村振兴战略的伟大构想的实现，提供一些学理上的反思和推进路径上的借鉴。

　　这些文章大体涉及三大类核心问题,一是理论与方法的讨论,二是与稻田有关的稻作经济研究,三是与山林资源相关的茶叶产业经济研究。为了能够使读者更好地理解,笔者尝试对这些研究成果进行简单的归类,即理论与方法篇、稻作农业篇和茶叶产业篇三个部分,并作为本书的一个体例进行编排。

书于贵阳市花溪班芙小镇家中

目　录

茶叶产业篇

理论与方法篇

侗族传统文化与生态环境保护

——以黔东南州侗族地区为例[*]

崔海洋　马洪斌　高　翔　杨海鑫

摘　要:黔东南苗族侗族自治州(简称"黔东南州")是我国主要的侗族聚居区之一,当地侗族居民在长期发展过程中积累了丰富多彩的物质文化和精神文化,这些传统文化中饱含的生态智慧确保了当地生态环境和森林资源的稳态延续。本文立足于文化整体观,从观念层面、技术层面和组织层面入手,探讨了侗族的传统观念、传统技术和社会组织机制在生态环境保护中的作用,分析了侗族传统文化流变对当地生态环境的影响,指出尊重与保护侗族传统文化,有利于黔东南州侗族地区生态环境保护和延续。

关键词:侗族　传统文化　生态环境　森林保护

一、引　言

任何一个民族都有自己的生存空间,生存空间的自然地理特性构成了民族特有的生态环境。生态环境影响着民族文化的类型和民族的性格,同时,民族文化又反作用于民族所处的生态环境,民族文化与生态环境存在着相互作用的关系。❶在民族文化形成和发展阶段,由于地理因素各族群相对封闭,生态环境对民族传统文化的形成产生了较大影响。当民族文化发展到相对成熟、稳定的阶段时,便会反过来对生态环境产生影响。

黔东南州是我国主要的侗族聚居区之一。2010 年,黔东南州侗族人口为127.56 万人,占全州总人口的31.7%。全州16 个县市都有侗族分布,主要聚居在

---

* 本文发表于《生态经济》2016 年第 4 期。

❶ 何星亮.中国少数民族传统文化与生态保护[J].云南民族大学学报(哲学社会科学版),2004(1).

黎平、天柱、从江、榕江、锦屏、三穗等县。黔东南州境内多山,山地占全州总面积的87.7%,州内生物物种繁多,全州森林覆盖率达62.78%,是国家28个重点林区之一。生息在此的侗族居民,在适应自然环境的过程中,依靠民族智慧创造和积累了丰富多彩的物质文化和精神文化,侗族传统的生态观念、生计方式及社会组织机制的延续和正常运转对黔东南州生态环境和森林资源的保护起到了重要作用。目前,国内不少学者研究了侗族传统文化与森林保护、生态安全的关系,普遍认同侗族传统文化在生态环境保护中的重要意义❶❷。本文在梳理相关研究成果的基础上,从观念层面、技术层面和组织层面入手,深入探讨侗族传统观念、传统技术和社会组织在生态环境保护中的作用,进一步分析了在现代化的影响下,侗族传统文化流变对生态环境造成的影响。

二、侗族生态保育方面的传统知识

1. 侗族传统观念里的生态观

"无山就无树,无树就无水,无水就无田,无田不养人"是侗族人常说的一句口谚。❸侗族崇拜自然、爱护自然,认为人是自然中的一部分,拥有与自然和谐相处的自然观与发展观。在侗族传统观念里,人是依傍天地自然而生,人与自然息息相关,只有确保自然资源的稳定延续才能保证自身的长久发展。侗族祖辈流传的观念是万物有灵,认为小至片石、小树,大到高山、江河等物皆附灵气,与人祸福相关。❹在侗族看来,神就是天地自然。天地自然直接孕育出河流、山川、树木、花草,这些是孕育一切生命形式的"母体",而人、鸟兽、虫儿、鱼儿都是由"母体"滋养再生的。❺在侗族传统生态观的影响下,侗族居民一般会选择森林茂密、

---

❶ 何丽芳,黎玉才.侗族传统文化的环境价值观[J].湖南林业科技,2004(4).

❷ 罗康隆.侗族传统社会习惯法对森林资源的保护[J].原生态民族文化学刊,2010(1).

❸ 崔海洋.试论侗族传统文化对森林生态的维护作用——以贵州黎平县黄岗村个案为例[J].西北民族大学学报(哲学社会科学版),2009(2).

❹ 李谟润.侗族民间宗教信仰述论[M]//王良范,等.苗侗文坛(第49辑).贵阳:贵州民族出版社,2007.

❺ 张泽忠.神性自测与哲学生态观——侗族栖居法式的"人类学诗学"视角探析[M]//王良范,等.苗侗文坛(第49辑).贵阳:贵州民族出版社,2007.

水源充足的山,在山水交汇处修建村寨。村寨建立后,侗族居民都要在村寨周边栽种很多树木,以保障村寨良好的自然环境,并称之为护寨林。在传统观念中,古树环抱、山清水秀被视为理想的居住环境。侗族居民十分重视环境的绿化和保护,一般在春节过后,父母都会带孩子给果树贴纸,或种上几株果树,从小培养孩子植树的习惯。风水林、保寨林在侗族人心目中有较高的地位,有"老人保寨,古树保村"之说。因而,有侗族老人种植风水、保寨树木留给子孙后代的优良传统。这种人与自然共生共处,相互依赖的生态观决定了侗族对自然资源的利用与维护必然精心、高效且适度。

2. 侗族宗教信仰中的生态观

侗族与其他少数民族一样,都有信仰原始宗教和其他宗教的习俗,其宗教信仰中的生态观,对生态环境的保护有积极的影响。侗族出于对有限土地的珍惜,更出于对土地养育万物的崇敬,把自己村寨附近的古树、山林、巨石、土地、坟山、动物、植物等作为崇拜对象,表达对森林和土地的崇拜。侗族把农事时令节气与耕作紧紧联系在一起,每个节气都要杀鸡、杀猪祭祀"神树""神山""神石"。侗族观念中有自然崇拜和树神文化,村寨和山中巨树,尤其是巨杉,多是侗族崇拜的对象,其中枫树、楠木、杉树则是更神圣的树神。被认为是神树的,不但不能砍伐,连枯树枝叶也不能当柴烧。大树常被认作新生婴孩"婆婆",保佑孩子顺利成长。[1]因而,侗族居民往往舍近求远去伐木砍柴,没有人破坏"神林"的树林,侗寨周围世代保持着茂密的树林。在耕作的田地里,侗族居民往往垒一石堆,插一草人,象征土地神在此守护。春夏播种,与之敬香作揖,祈其保苗不受伤害,收获时亦复如此,以谢其功,春耕前选择吉日,敬祭田土,农历六月初六早晨,敬祭"母田"等。这些对森林和土地的自然崇拜,是侗民崇拜大自然的具体表现,而借助"神"的力量去保护人们的平安和康宁,以求人与自然环境和谐统一的美好愿望,是早期侗民与自然环境之间相互作用的一种产物。侗族传统宗教观中虽然有不科学的成分,但却对保护森林、维护生态环境稳定起到了重要的作用。

3. 侗族社会组织机制中的生态观

"款"是侗族社会独特的社会组织形式,既是侗族传统文化的载体,也是侗族

---

[1] 张世珊,杨昌嗣.侗族信仰文化[J].中央民族学院院报(哲学社会科学院版),1990(6).

传统文化的核心,可以分为传统"侗款"和现代村规民约。"侗款"是侗族传统社会最重要、最主要的社会制度,通过侗族民众协商制定,把款约条款刻在石碑上,立在村寨鼓楼处或受保护的自然标志物处,以警示众人要遵守法规。"侗款"在侗族历史上持续时间最长,今天仍然在侗族地区发挥着整合社会秩序的部分功能和作用,其既包括在家族村社族规基础上的款约,也包括跨家族村社事务的款约,在长期生产和生活中形成了具有民族文化特色的习惯法表现形式。"侗款"对生态环境的保护主要体现在两个方面,一方面利用各种形式与手段唤起人们对生态环境的爱护,使人们形成一种保护生态的意识;另一方面是对破坏生态者要严惩不贷。

随着时代的变迁,侗族不少款约习惯法失去了原来的作用,在提倡村民自治的背景下,根据各地区、各村寨实际情况制定了村规民约取代传统习惯法。村规民约根植于现实的生活,从村规民约的内容上看,森林保护的条款占比最大,主要是加强对国有林木或者私人所有林木的保护,对偷砍盗伐他人林木的行为规定了相应数额的处罚。保护经济作物,如对偷盗茶叶、桐子、竹笋等,罚款数额为10～500元不等,❶同时也规定村寨居民要搞好个人卫生,不准在村内放养猪,不准在桥头倒垃圾,不准砍伐绿化点的树木,维护整个村寨的卫生,违反者将受到处罚;此外为保护全村公共安全,防止火灾事故的发生,经村民讨论通过,村民委员会研究决定,制定防火公约。❷在黔东南州的侗族地区,各个家族还有专门管山员,管山员在执行巡山任务时,发现有人破坏封山禁林的条款,都将按照家族的规约或款约认真处理,告诫林农不要破坏封山禁林的规约,并以此机会教育林农。"侗款"和村规民约作为侗族传统社会控制机制,是侗族居民进行自我管理、自我教育、自我约束、自我监督的重要形式,"侗款"和村规民约中关于生态保护的规定,对生态环境保护和稳定延续发挥了积极作用。

三、侗族生态保育方面的传统技术

1. 侗族传统稻作与林粮间作模式

侗族在利用和适应生态环境的过程中创造了丰富多彩的农耕文化。传统稻

---

❶ 徐晓光.黔东南侗族传统林业生计及其习惯法规范[J].原生态民族文化学刊,2010(2).

❷ 郑海山.从款约到村规民约的侗寨治理法文化研究[D].南宁:广西民族大学,2011.

作在侗族文化中占有重要地位,侗族稻作农耕文化的形成与发展与侗族特定的社会与自然条件密切相关,是侗族居民长期与自然相处过程中摸索和掌握客观规律的结果。历史上,黔东南州侗族地区的社会经济主要是以农业和林业为主,从事农林业生产是侗族赖以生存的重要生活来源。黔东南州侗族地区森林茂密,但日照不足,大部分稻田的水、土、光、热不均衡,受自然条件的局限只能建成小片带状稻田,无法进行规模化的农业耕作。侗族居民因地制宜地开山通渠,修建稻田,从深山河溪中引水灌溉农田,经过长期的发展积累,形成了特有的适宜于所处生态环境的稻—鱼—鸭复合经营模式。通过一田多用的方式,在同一的土地面积上既产出水稻又提供鱼肉和鸭肉,鱼和鸭的干扰与摄食又能有效控制稻田中病虫草害和杂草生长,同时增加稻田的土壤肥力。侗族居民利用复合种养的方式不仅保留了生物的多样性,物种间的相互作用很好地控制了病虫草害的影响,也避免了施用化肥农药带来对环境的污染和破坏。这种传统稻作模式既是对自然生态环境的适应,也是利用和改造自然的智慧结果,具有极高的生态文化价值。

林业和稻作一样是侗族重要的生计方式。侗族有植树造林的优良传统,人工造林已有三百多年的历史。在栽培育林的过程中,侗族居民积累了丰富的选种育苗经验,总结出在幼林中套种粮食的林粮间作的生产模式,利用高山梯田与周边的人工林业,以及刚刚定植好的杉树苗进行杂粮的套种,林业和农业的套种不仅获得了很好的经济效益,也对生态环境保护发挥了积极作用。林粮兼营农耕文化的形成主要是由于侗族居住地区自然环境的局限性,迫使侗族向更为广阔的山地丛林寻求发展。侗族居民在从事稻田养鱼生产的过程中兼营林业,人工林与深水稻田相混杂复合经营,通过在丛林中修建稻田的模式,无意中为森林生态系统插入了湿地生态系统,两种生态系统的和谐共存提高了林业和稻田的综合产出,同时生物多样性也克服了生态环境差异大的难题,不仅提高了农田抵御风险的能力,还保护了森林资源的安全。

2. 侗族传统森林培育技术

黔东南州侗族居民凭借其传统的和独特的森林培育技术,在规避生态脆弱环节的同时,确保森林资源的正常使用。因此,历史上侗族地区长期保持着郁郁葱葱的森林。侗族传统森林培育技术可以归纳为"以抚代育,以伐代护"❶。"以抚代育"是指侗族人民较少人工育苗植树,而是在利用土地资源的同时,对自然长出的树苗加以认真地管护确保其长大成林,然后再主动退耕。森林更新和培育往往与旱地农耕相兼容,在育林空地上,只要许可都采用游耕手段混种各种旱生农作物。侗民也种植杉木科、壳豆科的乔木及杨梅,但是他们不育苗,只是将森林和草地中自然长出的所需树苗或者旱地中自然长出的树苗移到合适的位置定植使之成林,通过这一做法所抚育出来的树苗在当地适应能力很强。更重要的还在于,人在森林的种植结构上始终发挥着能动调控作用,在修复脆弱生态环节的同时又满足了对森林资源的需要,而不是单纯为恢复森林而种树。可以说,侗族的森林是管护出来的而不是种出来的。"以伐代护"是指侗族对达到使用规格的乔木,会毫不吝啬地砍伐,以便腾出空间让其他树木顺利成长。因此,除了特意保留做母树用的百年古树外,乔木大部分处于中幼林阶段,这种做法类似森林游耕,实施随种随收、随收随用。在使用过程中森林面积不减少,但树种的结构却处在不断的调整过程中,从表面上看森林面积长期保持不变,但侗族居民的对森林的利用却从未间断。

3. 侗族传统的森林利用模式

黔东南州侗族地区气候潮湿多雨,而木质建筑经过特殊处理之后能够很好地防潮,而且透气效果好,因此侗族的建筑都采用木质材料,大到鼓楼、风雨桥、栏杆民居,小到茅厕的栏杆,都是采用几十年的上好杉木❷,杉树一类的用材林主要是满足建寨之用。伐薪烧炭也是森林木材利用的主渠道,薪柴提供了日常生活中的主要能源,每年每户都要砍伐薪柴林,但是根据"侗款"规定,每年只砍那么多,把砍伐的薪柴堆成一丈高,一丈长,一丈宽,就够烧一年,不能多砍,少砍也不行。❸侗族居民认为森林是祖宗传下来的,他们用得心安理得,也有责任让子孙后代用得心安理得,山水林木他们无权卖,也不需要买,精心维护森林生态是

❶ 崔海洋,姜大涛.侗族地区引种杂交稻引发森林生态蜕变的文化思考——以贵州省黎平县黄岗村为例[J].山地农业生物学报,2010(4).

❷ 张凯,闵庆文,许新亚.传统侗族村落的农业文化涵义与保护策略——以贵州省从江县小黄村为例[J].资源科学,2011(6).

❸ 龙春林,杨昌岩.传统社会林业研究[M].昆明:云南科技出版社,2003.

他们的职责。侗族对林木的需求量虽然很高,但是侗族地区并没有因大量取用林木而导致森林资源的枯竭。相反,侗族地区历史上一直保持着大片的森林,这得益于侗民除去最初安寨时砍伐天然林木为己所用之外,在以后的生产生活中,运用独特的营林技术在丘陵地带种植人工林为己所用。此外,侗民种多用少,侗族的资源观制约着他们对资源的利用行为,使侗族地区大面积森林资源的延续成为一种必然。

四、侗族传统文化流变对生态环境保护的影响

侗族文化是侗族人民在数千年的社会发展过程中创造出来的物质文化和精神文化的总和,它的产生、传承和发展与其所处的环境息息相关。黔东南州侗族地区山高林密、道路崎岖,是黔、湘、桂三省区的交界地带,是全国侗族原生态文化的中心,生息在这里的侗族居民长期以来保留着传统的民族意识、风俗习惯和宗教信仰。民族文化在长期的历史发展和演变过程中形成了独特的生存理念,并衍生出了具有民族特色的与生态环境相适应的方式,实现了与所处生态环境的和谐共存。从侗族传统文化中的生态观、宗教观和社会控制机制中都可以发现,侗族传统文化和生态保护之间的高度耦合。可以说,侗族传统文化在对所处地区的生态环境的维护上,有着不可忽视的价值。然而,随着社会经济的快速发展,现代农业政策的推行及化肥、农药、除草剂的推广,逐渐改变了侗族的传统文化,传统观念的淡化、传统生计的流变及社会组织机制的松动,引起了自然生态环境的改变。

1. 侗族传统观念淡化对生态环境保护的影响

现代化进程中,侗族传统观念不免受到现代文化的冲击而发生改变,观念转变给侗族传统文化的保护与传承带来巨大挑战,并在一定程度上使生态环境遭到了破坏。作为侗族传统观念传承的主体,侗族居民既是传统观念的创造人,又是传统观念的实践人,他们对自己传统文化的认知和态度决定了本民族传统文化的生存和发展。面对外来的文化的冲击,固守传统文化或全盘接受现代文化都会遏制侗族传统文化的发展。随着侗族地区社会经济的发展,侗族居民与外

界交流的增多致使侗族原生文化发生了改变,侗族传统观念受到了巨大冲击,传统生态观和宗教观的逐渐淡化,对生态环境保护产生了深远的影响。侗族自古以来崇拜山林,把树木当作生命的起源,这些传统观念使森林资源得到了极好的保护。但是在经济利益的驱使下毫无顾忌地砍树,使得森林资源逐渐减少。虽然近年来,黔东南州侗族地区应对民族传统文化的冲击也采取了一系列保护措施,如民族文化进课堂的实践,将侗族传统文化融入当地课堂教学,设置多元文化课程,让优良的侗族传统文化观念在侗族年轻人中传承下去,但是,在现代化的大熔炉中,这些保护措施的力度和作用明显不足,侗族传统观念的传承任重而道远。

2. 侗族传统生计流变对生态环境保护的影响

侗族传统生计是世代积累的与所处自然生态环境长期磨合的结果,是侗族传统文化的组成部分。侗族传统生计的流变受到历史阶段、文化传播和所处生态环境的复合影响,不仅与多元文化并存中文化要素的相互传播直接关联,还涉及外来文化的利用、改造和吸收。黔东南州侗族地区传统生计流变对生态环境保护的影响体现在两个方面。一方面,体现在传统耕作方式的破坏和对森林资源的过度利用。随着社会经济的快速发展,人们盲目、过度利用生态资源,大量建设农业垦殖区、经济开发区及工业园区,采用全垦、炼山、大面积营造纯林等错误营林生产措施,森林的过度利用和木材的大量向外输出,导致森林植被的大面积破坏和减少,影响和破坏了稻—鱼—鸭复合生态系统。再加上侗族传统稻作生计和森林生态是一个体系的有机组成部分,传统稻作农耕模式不能执行,森林生态系统也必然受到影响。另一方面,体现在侗族传统生计的传承受到冲击。黔东南州侗族地区的自然地理特征导致该区域交通闭塞,长期以来侗族居民与外界交流甚少,侗族传统生计未受到外界过多的干扰。但随着现代化进程的发展,侗族地区公路、铁路、机场的建设和完工,大部分侗族聚居地的交通已非常方便,历史上交通发展滞后的侗族地区迎来了高速时代,和外界的联系逐渐紧密。交通发展为侗族地区带来了发展的机遇和生活的便利,也改变了原来平静、封闭的生活生产方式,对外开放无法避免地对侗族传统生计产生巨大影响。越来越多的侗族年轻人走出大山外出务工,造成了侗族村寨空巢化现象日益明显,侗族传统生计的传承出现了断层,传统生计传承受阻是造成生态环境破坏的重要因素。

3. 侗族社会组织机制松动对生态环境保护的影响

侗族传统文化中的"侗款"和村规民约是侗族重要的社会控制机制。然而,侗族社会控制机制受到了现代社会经济发展的影响,很多地方不再依靠原来传统社会制度。侗族习惯法由原来村寨联盟间的"侗款"逐步演变为具有村寨范围约束力的村规民约,在20世纪50年代后期,山林界限几度更改,以山林界限为基础约束村民行为的村规民约在很大程度上受到限制,执行力度大大下降,甚至在"文革"时期一度丧失,导致生态环境遭到前所未有的破坏和大面积林地荒废。直到20世纪80年代以后,村规民约才逐步恢复,近年来逐渐融合了现代法律的内容,其作用得到继续发挥。现在以往的"风水林"或"护寨林"被规划为风景林,其面积有所扩大,很少发生森林盗伐事件,这与村规民约有着密切关系。❶目前,黔东南州侗族地区的村规民约仍然具有一定的法律效力,盗伐森林行为仍然会受到寨老议事会的严厉制裁。但是,过去那些对生态保护具有重大意义的侗族社会组织机制,在现代法律条款面前已显得苍白无力。

五、结　语

侗族传统文化作为独特民族文化中的一种,在生态环境保护、管理和可持续利用方面积累了丰富的智慧和经验。过去在侗族传统文化的影响和制约下,侗族居民对生态资源并不拒绝使用,而是有节制地使用,这种控制模式在历史上有效保证了生态环境系统的稳定性和持久性。然而,现代社会经济的发展给侗族传统文化带来了冲击,侗族传统生计的流变、传统观念的淡化及社会控制机制的松动,破坏了侗族长期建立起来的人与自然和谐相处的平衡关系,给生态环境的保护带来巨大挑战。如何用发展的眼光来审视侗族传统文化,让优秀的侗族传统文化继承和丰富,使其服务于现代社会的发展需要是目前亟须思考的问题。对有利于地区生态环境保护的侗族传统文化,要给予充分的尊重、保护和传承,

❶ 刘珊,闵庆文,徐远涛,等.传统知识在民族地区森林资源保护中的作用——以贵州省从江县小黄村为例[J].资源科学,2011(6).

侗寨的开发和发展要遵循侗族传统文化和特色,尽力保持民俗的真实性和本原性,推进侗族传统文化内容创新、形式创新和体制创新,增强侗族传统文化的生机和活力。让侗族传统文化中的生态保护观念与现代观念更好的结合,适应当下的社会文化和发展背景,在现代化的进程兼顾传统文化和当地生态环境的差异性,发挥侗族传统文化在生态环境保护中的重要作用。

从侗族传统生计看现代农业内涵的不确定性

——黎平县双江乡黄岗村个案研究[*]

崔海洋

摘 要: 本文介绍了贵州省黎平县双江乡黄岗村侗族的传统生计,探讨了现代农业概念的流变,最后提出解决我国"三农"问题的基本思路与策略。

关键词: 传统生计 生态农牧业 不确定性

我国是一个多民族的国家,尤其是西部地区更具有民族构成多样化的特色,少数民族的传统生计方式与汉族地区截然不同。将我国各民族的传统生计一概混称为"传统农业",不仅不符合我国的国情,而且还会造成认识上的偏颇和政策执行中的失误。有鉴于此,应明确界定"传统农业"的内涵,同时尽量少用"现代农业"这一概念,而代之以"生态农业""特色农业"或者"市场农业"。这样不仅有利于明确指代对象和发展目标,而且对我国"三农"问题的解决更具有指导意义。

随着我国改革开放的不断深入和社会经济的飞速发展,我国发达地区在接受并推行西方发达国家集约农业理念方面已经取得了很大的进步。无论是现代技术的使用水平、农产品的商品力、农业一线人口所占比例,还是单位面积产量和农产品的品质,都接近甚至超过了西方发达国家水平。与此同时,由此引发的生态和社会问题也更甚于西方发达国家。

为此,笔者以贵州省黎平县双江乡黄岗村侗族传统生计为例,在厘清"现代农业"一词内涵的含混性和不确定性的同时,揭示我国各民族传统生计的多样性和丰富性,旨在为解决"三农"问题提供相关依据。

---

[*] 本文发表于《安徽农业科学》2009年第16期。

一、黄岗侗族的传统生计

我国的侗族集中分布在湘黔桂比邻地带,其早年的传统生计具有很高的同质性,但近50年以来,由于对发达国家的集约农业缺乏全面的认识,以至于自觉和不自觉地机械模仿发达国家的集约农业模式,以"科学"的名义大力推广来自国外的现代农业技术及化肥、农药、转基因农牧品种等。在此背景下,侗族传统生计在广大地区已经面临传承危机,仅在边远地区相对保存完好,贵州省黎平县双江乡黄岗村就是其中一例。在侗族广大地区,除了因地表起伏太大而无法大规模利用机械耕作外,所谓"现代农业"的各项特征早已具备。但对黄岗而言,其立足于现代科学技术,厘清侗族传统生计的得失利弊,发扬其利克服其弊,有选择地引进适用的现代科学技术,形成了解决"三农"问题的最佳对策。

1. 黄岗侗族传统生计的特点

侗族的传统生计以糯稻种植为主,但稻田中一律要放养家鱼和家鸭。稻田中主要放养鲤鱼,鱼塘中则放养草鱼;放养的家鸭是小麻鸭。在以糯稻为主食的基础上,鱼鸭产品构成传统副食的主体,因而这种农田经营是一种真正意义上的农牧渔复合经济。除了稻—鱼—鸭兼营外,当地侗族居民还擅长经营人工用材林,靠批量的原木外销换取现金和其他生活必需品,构成以稻为食、以材为用的农林兼营体制。这样的生计方式特点,在今天的黄岗还稳定地延续着,从而使黄岗成为了解侗族传统生计方式的活标本。

由于受到地质地貌结构的限制,黄岗侗族居民虽然难以建构连片的稻田,但这里的河流、鱼塘、村寨与稻田已融为一体。这样的人为半水上村落,被一些研究者比喻为"东方的威尼斯",这一比喻形象地描述了侗族人为生态结构的特点。经历了长达半个多世纪的外界冲击后,处于交通沿线和宽谷坝区的侗寨人文景观已经发生了翻天覆地的变化,只有少数边远地带,如广西三江的高秀、贵州黎平县的肇庆和九龙、从江县的增冲还残留着传统的侗乡人文景观。但在黄岗,人文景观的变迁却没有其他地区那样剧烈,一些20世纪50年代人文景观的痕迹至今仍历历可数。

由于地表崎岖不平,农田灌溉渠道的兴建极为艰难,因而黄岗地区的稻田均远离村寨,星散于密林之中,即使河流纵贯村寨也无法灌溉每片农田,甚至单块农田都须单独营建供水和排水设施,使黄岗的所有农田用水都能有效地编制进人工建构的灌溉网之中。因此,黄岗侗族居民要在丛林中建构起这样的农田水网系统,不但投入了多于其他地区的劳动力,而且还借助了特殊的技术和工具。

黄岗寨与其他侗族村寨一样聚家族分片而居,每个家族都连片拥有和使用匹配得体的各种自然空间。山和林田、道路与村落都规划得有序而得体,这样精细的布置达到了林粮兼营、稻—鱼—鸭共生、农牧结合这一传统生计的各项要求。同时,也为高效合理地使用各种自然资源提供了世代积累的制度性保证。

黄岗农田建构的特点可以归结为田块细碎,田块与田块之间高层反差大,而且往往有林带相隔,同一组乃至同一家庭所承包的田块,其水温、气温、水土的pH值都存在着明显的差别,一个田块往往就能自成单元,各个田块必须采取不同的耕作措施,才能确保稳产、高产。有的家庭承包的稻田即使相距不超过50米,仍然由于高低悬隔、供水渠道不同,导致有的田块属于"冷水田",有的属于"锈水田",还有的属于"向阳田"。因此,一个家庭要在自己的承包地内同时播种各不相同的几个糯稻品种,也就容易理解了。

黄岗村由于山高林密、河床下切,以至于大多数农田主要依靠井泉灌溉,因而每片农田在井泉出水处都得营建水塘、过水沟或过水田,借以稳定并提高水温。为了越过河谷实现自流灌溉,同一海拔高度的稻田之间,往往需人工修筑涧槽实现自流灌溉。因而,稻田不与河床配套而是与水塘和过水涧槽配套,构成了黄岗地区农田建构的一大特色。

黄岗的林带以树种多样化著称,边远地带的丛林还局部保留着原生的植被景观,人工干预的痕迹很少。因此,黄岗的林带及林相极不整齐,参差错落、千姿百态。森林景观的季节变化也较多地保持了原生植被的特色。处于这种人工林之间的农田,其地表温度、湿度、光照、水温千差万别也就非常自然了。

通过黄岗侗寨的人文景观特色,可以透视出黄岗传统生计的社会特征。黄岗的农事作业其季节性不明显,糯稻撒种的时间开始于清明节,结束撒种时间却迟至小满,个别田块到芒种后才撒谷。收割季节最早可以在立秋就开始,最迟的收割期,特别是低海拔的稻田要推迟至小雪前后,而其间摘禾还在进行中。也就是说,黄岗侗族居民从春分备耕开始直到小雪收割,整个大田农事活动前后持续期长达8个多月。日常的农事活动,往往需要上午10点以后才出工,一直要到晚上8点才能回家。

为了便于大田管理,黄岗的侗族每户都在自己的田边搭起了窝棚,农忙季节主要劳动力往往留宿窝棚,寨中仅留下老人和小孩。这种两分式的居住结构同样富有特色。这样的窝棚不仅供人住,还配置有畜圈和禾晾。有的家庭在窝棚中配置了整套的生活用具,还有人在窝棚周边种植果树。

黄岗传统生计的另一个社会特色是当地居民之间的互助合作关系十分密切,从不计较个人得失,情感的投入往往凌驾于经济收益之上。

黄岗侗族居民的农事操作,具有明显的游耕特点。耙田和播种稻谷的同时,也是收获田间的蔬菜和家鱼以外水产的时间。这一过程一直要延续到秋收以后。

2. 黄岗侗族传统生计传承的困境

若想完整地传承侗族传统生计方式,在黄岗会遇到来自自然和生态方面的重重困难。在侗族的传统生计中,木材的外销发挥着举足轻重的作用,历史上侗族地区惊人的财富积累,主要是通过木材外销而完成。但今天的黄岗却无法参与其间,原因在于,当前我国已经严格控制了原木的采伐和销售,使林粮兼营传统生计的正常运行受到了阻碍。

传统生计在当代延续的另一个阻碍因素来自劳动力的短缺。如上所述,这样的传统生计要正常运行,必须投入大量劳动力。然而,目前方兴未艾的打工潮却将大量的青壮年劳动力吸引到了中心城市,导致黄岗村在一定程度上成了“空壳村”,传统生计主要靠老年人和小孩来完成。劳动力的缺乏直接导致了生态维护难以到位、农家肥不能普遍施用,而片面依赖化肥和农药不仅造成了环境污染,而且使农牧产品达不到生态产品的要求。

黄岗的畜禽产品本身具有很强的市场竞争力,而且至今还占据较大的市场份额,农民养殖的鸡、鸭、牛、羊、猪通过多重的中间转手远销广州和桂林,但所受的制约也十分突出。他们没有自己的销售渠道,也没有相关的生态农业标识认证,更得不到信息和法律服务,以至于其真正的市场价值不能兑现,利润被中间商瓜分。

综上所述，黄岗侗族的传统生计是一种农、林、牧、渔兼具的复合经营体制，它不是纯粹意义上的农业，称为"传统农业"不够准确。这样的传统生计在某种意义上具备了正在成为时尚的"有机农业"和"生态农业"的特质，这种传统生计的"三农"发展决策，不可走模仿集约农业的老路，而应当发展生态复合农业。只有这样，才能既符合当地农耕特点，又减少农村发展的投入，更能切中当地侗族居民的意愿。

二、现代农业概念的流变

一些学者习惯将"传统农业"与"现代农业"对举，但这一对概念之间的界限和特征并不明晰。一般而言，人们总是把借助机械操作，依靠化肥、农药，以及生物技术支持的农牧业生产，称为"现代农业"，反之则一概视为"传统农业"。按照这一标准定义的"传统农业"，显然无法兼容黄岗那样的传统生计，更不能明确地区分汉族生计、侗族生计，以及其他少数民族生计。因此，所谓"传统农业"一词内涵的不确定性也就显而易见了。"传统农业"概念的不明确性必然导致"现代农业"概念的不确定性。如果从当代共时态视角出发，就能够发现理想化的"现代农业"特征在黄岗的侗族传统生计中也有所包蕴。首先，以商品化为例，"现代农业"总是被认定为已经具备市场化特质的农业生产体制，但在黄岗侗族传统生计中，原木、优质糯稻、畜禽产品却一直具有很高的商品力。在农业税未取消前，黄岗村上交的优质糯稻为15万千克/年，此外还有相当规模的糯稻通过乡村集市销往外地。由此可以看出，在黄岗侗族传统生计下生产出的许多产品本身具有相当高的商品力。其次，再看农牧产品的生态食品达标率。在20世纪90年代末期以前，整个黄岗村从未使用过化肥和农药，农、林、牧产品的生产都是靠农家肥维持，而且也不使用动力农机具，其农牧产品完全符合生态食品的要求。最后，再看这种传统生计的生态维护功效。由于这种传统生计对所处生态系统坚持实施最少改性准则，因而，整个生态系统能够长期保持稳定，整个生计经营活动基本符合资源循环利用的原则，长期保持自然与生物资源相互依存、相互补充的格局。综合以上几点可以看出，从"现代农业"的特征出发，侗族的传统生计不仅不能简单地称为"传统农业"，反而可以视为具有某些"现代农业"的要素，而真正与理想化"现代农业"的差距之处仅在于，这种"传统农业"需要投入大量的劳动力。总之，就其时态意义而言，"现代农业"内涵一直不明确，即使在发达国家其内涵同样千差万别。如果从历史的眼光看，其内涵的不确定性更为明显。

由于经济学、社会学习惯于依赖共时态资料立论，因而这些学科不容易发现"现代农业"内涵的历史流变；相反，如果从文化人类学的角度出发，那么就很容易看出其间的分歧和疏漏。因而，以下重点征引文化人类学家的著述，以探明其内涵流变的文化成因。

列维–斯特劳斯（Claude Levi-Strauss）在他的结构主义理论中明确地指出，人类思维的基本模式就在于"二元对立"（Binary opposition）❶。他的这一结论传承自早期人类学的分析习惯。从亨利·摩尔根（Lewis Henry Morgan）将文明与野蛮对举，到列维·布留尔（LucienLévy-Bruhl）将原始思维与逻辑思维对举，都足以代表早期人类学研究的思维模式❷❸。列维–斯特劳斯的功绩在于将这种思维习惯推广到一切民族文化中，将它定义为人类思维的共性特征。顺着列维–斯特劳斯的分析思路，去认识当代著述中频繁出现的"传统农业"一词，可以发现，所谓"传统农业"事实上正好是"二元对立"思维模式的产物，它是将"现代农业"与"非现代农业"截然两分的结果。然而，"现代农业"的确切含义，时至今日学术界仍没有做出明确的澄清。

20世纪初，商品化的农业生产被视为"现代农业"，以自给自足为主的农业被定义为"传统农业"。第二次世界大战以后，发达国家又将靠燃油农机具从事农耕的农牧业视为"现代农业"，而将主要靠手工生产的农业视为"传统农业"。到了20世纪60年代，随着石油化工的兴盛，又进一步将依赖化肥、农药、生长刺激素维持的农业视为标准的"现代农业"，而将依靠使用农家肥和农作物天敌抑制病虫害的农牧业视为"传统农业"。20世纪80年代以后，随着基因工程的发展，又将转基因食品的生产定义为"现代农业"的标志性特征，而将纯天然农牧产品的生产视为"传统农业"。❹在短短的100年中，对"现代农业"的定义不断地翻

❶ 列维–斯特劳斯. 野性的思维[M]. 李幼蒸，译. 北京：商务印书馆，1987.

❷ 路易斯·亨利·摩尔根. 古代社会：上册[M]. 杨东莼，马雍，马巨，译. 北京：商务印书馆，1977.

❸ 列维·布留尔. 原始思维[M]. 丁由，译. 北京：商务印书馆，1981.

❹ 朱明德. 美国的转基因农业战略及其对策研究[J]. 粮食科技与经济，2000(6).

新,对"传统农业"的界定也在不断地变化,但"现代农业"与"传统农业"的界分却一直遵循"二元对立"的思维模式,因此,无论是对"现代农业",还是对"传统农业"都是习惯性的界分,而不是科学意义上的界定。

到了20世纪末,随着全球生态环境的恶化和石油能源的短缺,人们开始不断地启用原先被视为落后的农业生产要素,借此缓解由于过分使用农机具、农药、化肥和转基因物种而导致的严重生态恶果,如在美国的一些农场中兴起的"免耕法"农业。❶其实在早年所界定的"传统农业"中,"免耕法"本身就有定型的免耕技术和尽量少翻土或不翻土的农业生产规范。因而,在美国当前的现代集约农业中兴起的"免耕法"并非一项创新,而是农耕技术的回归。此外,使用"刀耕火种"方式更新过熟的森林,是美国目前大力宣传的现代农林技术。然而,这一现代技术基本上是照搬"游耕类型"文化的生计模式。但在此之前,"游耕类型"文化的生计一直被视为原始农业,是比传统农业还要落后的农业。当前,欧盟各国坚决抵制"转基因食品"进入其国内市场。❷在日本,则兴起了大规模的退耕还林活动,以此压缩山地农田对土地资源的占用,同时,日本还大力研究使用生物办法防治病虫害。这些做法,与美国倡导的"现代农业"背道而驰,以至于"现代农业"的概念越来越模糊。除此之外,在意大利、法国和卢森堡,对高档食品的生产,一直沿袭手工操作。为了保持橄榄油、奶酪、葡萄酒的正宗高档品味,这些国家一直拒绝采用机械化的规模生产。换句话说,在以"现代农业"自诩的发达工业国家中,"传统的"农牧业生产技术手段一直在稳定地延续着。所谓"现代农牧产品",尽管在国际市场中所占的比例一路飙升,但占据的市场份额主要集中在低档消费市场。传统农牧产品在高档消费市场中仍然占据着主导地位。由此可以看出,"现代农业"与"传统农业"的概念从未划清过。

"传统农业"仅是一种习惯性的提法,不同的研究者对"传统农业"的理解互有差异。有人将"传统农业"理解为已经过时的原始耕作方式,❸有人将"传统农业"理解为落后的、即将被淘汰的生计方式;还有人将"传统农业"理解为现代"集

❶ 许剑平,徐涛,谢宇峰,等.国外少免耕法的发展研究[J].农机化研究,2005(1).

❷ 闫峰.美国与欧盟的转基因食品贸易争端及我国的发展对策[J].中国生物工程杂志,2004(11).

❸ 张西华.传统农业向现代农业转变的研究[J].安徽农业科学,2006(5).

约农业"的对立物,是一种没有经济价值的低效率产业。[1]上述三种定义,其实都没有切中各民族"传统农业"的本质。因为他们所称的"传统农业",事实上不是一种单一的生计方式或经济产业,而是有区别的文化形态在不同的生态系统中的综合表现形式。称为"传统",虽然是针对现代工业文明而言,但是,在现代工业国家的集约农业中也可能包容进某些"传统农业"因素;而且,这些因素的存在并没有表现出落后、低效等方面的特征。同样的情况在非工业化国家中也存在。当代不少农耕民族的资源利用的效率、劳动力投入和产出效益比例,实际上并不比工业国家的集约农牧业低。例如,现代发达国家都普遍实施农业补贴,以确保其农牧产品在国际市场上有竞争力,与此同时,很多传统农耕民族却没有任何农耕补贴。[2]在这种情况下,虽然他们的农牧产品在国际市场上处于不利地位,但却可以在国内市场上生存下去。[3]因此,以非现代化或低效、落后去定义"传统农业",显然不符合实情。为此,需要重新定义"传统农业",而不是沿用习惯性的理解;应正确区分"现代农业"和"传统农业",而非仅仅沿用传承下来的模糊概念。

三、解决我国"三农"问题的出路

既然"现代农业"和"传统农业"仅仅是习惯性的称谓,其科学内涵从来没有明晰过,那么,以这样的模糊概念去指导我国的农业发展,必然无助于"三农"问题的真正解决。为此,要正确解决我国"三农"问题,必须立足于两个方面进行审视:一是国内外资源和舆论的走向;二是正确评价各民族传统生计在农业发展中的地位和意义。

未来石油能源的供给将日趋紧张,随着化石能源的涨价,机械化耕作的成本必然攀升,化肥、农药的售价也将随势走高。在这种情况下,发达国家倡导的集约农业会变得更加无利可图,那么,这些国家的农业补贴也必将不断加码。最终,盛极一时的集约农业会走向没落。另外,人类对健康的质量要求越来越高,转基因食品必将遭受巨大的舆论压力,化肥、农药的使用也会受到严格的控制,

---

[1] 崔丽,傅建辉.浅释传统农业经济效率低下的原因[J].广西社会科学,2006(5).

[2] 李超民.美国《2007年农场法》农业补贴及相关立法分析[J].农业展望,2007(1).

[3] 周义红.论发展中国家为何要为削减发达国家的农业补贴而奋斗[J].商场现代化,2007(4).

生态农业的呼声必将席卷全球,成为全球化不可分割的一部分。

　　传统生计被忽视是西方发达国家凭借强权造成的事实,其充满了文化偏见。因此,不但不应将我国的传统生计视为落后的农业发展方式,反而应该把传统生计视为需要传承利用的非物质文化宝库,加以发掘、保护、利用及推广,使我国在下一轮的生态农牧业竞争中超前于西方发达国家。发掘、利用传统生计的真正难点在于:当今世界上一直执行着不合理的农业补贴政策,对待这样不合理的现象,除了与这些国家比补贴外,就只有通过外交途径联合发展中国家,与发达国家的不合理补贴制度进行抗争。这些需要通过国家政策去解决,但各民族传统生计的价值绝对不容忽视。同时,在现代科学技术的支持下推动其创新势在必行。只有立足于上述方面的认识,我国"三农"问题的解决才能找到正确的出路。

当传统生计遭遇外来技术

——以贵州省黎平县黄岗侗族村为例*

崔海洋

摘　要:笔者立足于文化的整体观,剖析了化肥、农药、打米机、马匹等外来技术引进后传统生计的现代流变,从中总结其经验与教训。在这一基础上,笔者认识到,一切外来现代技术的引进,都要尊重民族文化自然性适应取得的已有成果,尊重客观的自然生态特性,才能收到理想的成效。

关键词:侗族　现代流变　外来技术　技术引进　民族文化　糯稻品种传统

贵州省黎平县双江乡黄岗村黄岗寨有侗族村民308户1200多人,承包的耕地100多公顷,森林1800多公顷。侗族传统生计中的稻—鱼—鸭共生种养、林粮兼营、农牧兼营等,都保存得极为完整。村民主食为糯稻,但稻田中一律要放养家鱼和家鸭。鱼种以鲤鱼为主,而与稻田并存的鱼塘则放养草鱼,放养的家鸭属于小麻鸭种系,鱼鸭产品构成传统副食的主体。因而这种农田经营是一种真正意义上的农牧渔复合经济。除了稻—鱼—鸭兼营外,当地侗族村民也擅长于经营人工用材林,靠批量的原木外销,换取现金和其他生活必需品,构成以稻为食、以材为用的农林兼营体制。此外,还在林间的草地放养牛羊和猪,同时利用农作物秆蒿作饲料,畜产品的外销也不少。这样的生计方式特点,在今天还稳定地延续着,从而使黄岗成了了解侗族传统生计的活标本。

在全球化语境下的今天,面对日趋严重的环境问题,中国的生态人类学工作者一直坚持"以小见大""由边缘反观中心"的人类学立场,立足人类、环境和文化的整体观,努力发掘不同民族传统生计中的生态智慧,为日趋同质化的人类社会

---

* 本文发表于《中国民族》2009年第8期。

提供多样化的范例与知识。但遗憾的是,我们今天所能观察到的各民族传统生计,不可能是一成不变的原生状态,只能是经历现代流变后的形态。其中,既保留有本民族文化的传统内容,也不同程度地兼有来自周边民族影响的内容。而且对外来文化要素,还必然经历利用、改造和消化吸收的过程。这是无法避免的事实,也是传统生计别无选择的生存策略。多元并存文化间,必然会发生各民族文化要素的相互传播,也就导致了传统生计的现代流变。其中,外来技术的引入,是传统生计现代流变的原因之一。

任何形式的技术都必须以特定的社会背景为依托。技术本身虽说是中性的工具,原则上人人都可以利用,但由于不同民族客观存在着文化差异,致使同一种技术在不同民族社会中使用时,其难度、使用成本、效益都会呈现不容忽视的区别,推广使用后会引发什么样的社会和自然生态问题,也会大不一样。而技术引进的驱动力总要受到相关民族文化关联性形态的支配,从文化的视角出发,这些都是不能忽视的客观事实。半个多世纪以来,黄岗引进多少种外来技术,至今无人做过统计,也无从清点,这里只能简要述评几种影响最大、成败原因最明晰的个案,以便从文化的视角总结技术引进的一般性原则。

一、打米机的风波

黄岗村民延续种植的糯稻品种,在环境适应上已经达到了很高水平。这些品种都是既能与茂密森林相兼容,又具有很高水资源储养能力的优良品种,其适应特征表现为秆高、秆粗、秆硬、分蘖强,可以承受阴冷的低温环境和短日照环境的不利条件。其稻穗具有如下特点:稻穗中谷粒排列得十分紧凑,而且谷壳较厚,谷壳表面排列着细密、坚硬的绒毛,谷壳的顶端都长着又长又硬的谷芒。这些品种的糯稻,谷粒不容易脱落,入仓时是将谷把悬挂在屋梁上晾晒。对这样的谷把若要用引入的打谷机脱粒,不仅长长的谷芒会从中作梗,将碾轨卡死,影响脱粒效果,糯稻的其他生物属性也会跟打谷机作难,谷粒和稻秆结合太紧,因而脱粒总是不干净。使用引入的打米机碾米时,长长的稻芒和稻秆引发的麻烦,往往会卡死打米机的传动鼓,迫使这些打米机转转停停、停停修修,大大降低了机械效率。坚硬的谷壳更难对付，打米机的碾鼓间距调窄了，会把米粒打碎，降低碾米的质量；调宽了，谷壳又剥离不下来，同样降低成米的质量。各种糯稻品种的米粒形状又各不相同，引入的打米机对付起来更加麻烦。在黄岗的糯稻品种中，米粒呈长柱形者有之，呈卵圆形者有之，呈长扁状者有之，甚至还有米粒断面呈三棱形的稻谷。这样一来，打米机的统一筛孔对付不了这样千差万别的米粒形状。结果某些品种的糯稻，筛出来的全是碎米，整颗的好米反而被筛到谷糠中去，有的糯稻品种成颗的米粒和碎米根本分不开。最终表现为，最优质的稻谷，被加工成最劣质的糯米。这样的糯米根本进入不了国际国内市场，甚至在乡村集贸市场也无人问津。引进的"先进设备"，反而迫使黄岗村民天天吃糟米。不符合常理的非对称反馈，波及了黄岗的每一个村民。

黄岗村民鉴于这些长芒的糯谷容易卡死打米机，不得不采取预先处理措施，有的人家用手工将长芒剪短，有的人家用火燎掉长芒，有的则用手工揉断长芒，才能勉强用上打谷机。这不仅是一件劳神费事的事情，而且即使做了这样的预先处理，打出的米，质量仍然无法保证。在望"打米机"兴叹之余，他们不得不继续沿用老传统——用脚踩碓的老办法脱粒，用碓舂米。

打米机引入导致的风波尚未结束，"几家欢喜几家愁"的现象又出现了。

由于传统糯稻中的"苟列株"谷芒较短，可以勉强送进打米机加工，种植"苟列株"多的人家暗自庆幸，能用上打米机，又省事又省力。而种植传统长芒糯稻的村民却感到沮丧，致使不少人家暗自下决心，2007年一定要种植"苟列株"。这正是2007年黄岗村"苟列株"糯稻种植面积超过全村耕地总面积65%的重要原因之一。

如何妥善解决这一问题？经过细致考察，笔者认为最好的办法就是修复黄岗村世代传承使用的石水碾，同时购进电动机，匹配减速装置，用电动机驱动传统的水碾替村民碾米。

笔者的这一主张有五大好处：一是这种做法成本最低，机械维修容易；二是整个管理、维修村民完全可以自行做好；三是回乡的中学生的聪明才智可以在这种传统与现代接轨的过程中得以发挥，使所学派上用场，增加他们的自信；四是通过改造这样的传统用具,可以增强侗族村民的文化自觉,还可以为引进其他技术铺平道路;五是生态人类学坚持主张每个民族对外来技术和工艺的引进,都必须经历消化吸收这一过程,消化吸收的自觉性越是早日启动,相关文化越容易占据优势地位,在今后的族际互动关系中才能立于不败之地。

二、化肥、农药滥用的教训

黄岗的糯稻种植,不仅不需要另施化肥,农家肥的使用量也十分有限。侗族村民们一直将"红禾糯"这一糯稻品种,固定栽插在村寨周边和山路下方的稻田中,就是因为这个品种的糯稻特别耐肥。其他糯稻品种各自该使用多少肥料,该用哪种肥料,他们掌握得一清二楚。然而在现代化的浪潮下,商家通过供销社先后向黄岗销售各式各样的化肥。起初,侗族村民并不接受化肥,想法各不相同:有的认为,自己家的田土壤够肥沃了,从来没有施过化肥,为什么要没事找事做;有的则是看到化肥全是些没有气味的白色粉末,和自己的农家肥差异太大,根本不相信这样的"白色粉末"竟然有肥效;还有的人听说这些化肥价格很高,因而舍不得花钱买。

开始几年,当地村民并没有将化肥使用到稻田中,而是用到菜地和旱地粮食作物上,结果发现施用化肥省时省力,肥效也十分明显,这才开始在稻田试用。不过由于黄岗村民外出打工的人数有限,农村劳动力并不缺乏,更关键的原因还在于不管当地村民是否使用化肥,都得处理牲畜圈中的粪便,每家饲养了这么多牲畜,畜圈积累了这么多的粪便,不施到田里去,留在家里和村寨里,又脏又臭。因此,历年推销化肥后,黄岗每亩化肥的使用量,一直停留在全黎平县的最低水平。

笔者在调查中意外地注意到黄岗的旱地和稻田杂草蔓延的现象极为突出。糯稻播种前,稻田中长满了一种侗语称为"翁弄"的杂草。一打听,这种杂草原来很罕见,不知是什么原因近几年越长越多,耙田时不但费工费时,还会影响秧苗的生长。在黄岗的旱地也碰到了类似的情况。蓟草、白蒿、鱼眼草等菊科恶性杂草,长满了整个地表。村民都说这是近两三年才有的怪事。进一步询问后,他们才回忆起来,杂草特别茂盛的地块和水田,在近年内都连续使用过大量化肥。

笔者带着这个问题咨询了专业的土壤专家。专家的回答是:"这种情况在连续耕种的固定农田中十分少见,相反是连续过量施用化肥后,才有可能导致某些杂草的蔓延,这种情况一经出现,就必须暂停使用化肥。"黄岗村的这种情况,是在土壤肥沃的土地上,过量使用化肥后导致的结果,土壤肥分比例被破坏后,某些杂草开始蔓延。未施化肥前作物和杂草一道争肥,杂草的生长会受到抑制,肥分比例不被破坏,杂草不会长得比庄稼还茂盛。但如果肥分比例失衡,某些杂草就会长得十分茂盛,黄岗村遇上的正是这种情况。后来专家再次提出,黄岗出现的这种情况可能是磷肥施用过量的结果,但具体情况十分复杂,需要进一步研究后,才能做出更正确的判断。

笔者将专家的意见转告村民后,得到认同。他们回忆说,杂草蔓延的那些田块确实连续施用过磷肥。同时还补充说,稻田使用化肥后,特别是使用了尿素和碳酸氨后,田中很多野生动物都不见了,喂的鲤鱼也长不好。为此福特基金会的联络官员,通过村中的"香禾糯协会"向农民宣传生态农业,倡导减少化肥和农药用量。对此,侗族村民都很理解和支持。

这个个案从表象上看仅是一项简单的现代技术引进问题,背后却很有深意。任何一项新技术的引进,都会导致传统生计的流变。流变的结果可能是副作用为主,也可能获得出乎意料的成效。如何确保传统生计方式的流变不走弯路,生态人类学对文化的自然性适应与社会性适应进行区别的认识和理解,将可能发挥有益的指导作用,能够使技术引进项目的筛选,更切中引入的自然与社会实情。

随着笔者所在课题组进驻黄岗后,通过当地"香禾糯协会"宣传停止使用化学农药和生长刺激素,使村民逐渐意识到滥用农药的危害性。2007年,在黄岗村,农药和生长刺激素顺利地实现了全面禁用。

三、马匹成功引进的启迪

黄岗村地处亚热带丛林区,零星分布的高山草场,马匹无法驰骋,加上山高林密道路崎岖,马匹窜行十分困难,因而长期以来黄岗人从不养马,就是在清代政府鼓励养马的时代,黄岗也从未饲养过马。然而近年来,随着黄岗村乡村田间便道的修通,村民出工可以大量使用畜力代步,这些便道虽然不能通汽车,但运输肥料、粮食和放牧牲畜时,却着实比以前方便多了。

4组村民吴某,有一次偶然进城看到别人养马,在牲畜集市一打听,得知由于周边地区大规模地修筑了公路,汽车得到了普遍推广,坝区村寨原先养马匹的人家廉价抛售马匹。吴某灵机一动,立即买了一匹马带回黄岗。但他没有想到,由此惹出了一连串麻烦。从来没养过马的他很多技能都只能从头学起,加上马匹不习惯黄岗的自然环境,容易闹脾气,动辄逃出马圈到处乱闯乱窜,还偷吃其他村民的庄稼。

好在吴某不死心,不懂养马的技术技能,他就亲自登门向外乡人求教;损害了村民的庄稼,他就主动地上门认错赔偿,求得谅解。经过半年的不懈努力,他基本掌握了整个养马技术,还花钱购置了一辆马车。之后,他出工时用马车驮运鸡鸭肥料,从而使家里稍微宽裕的人家,都学着他买马买车。一年下来,黄岗村马匹的拥有量超过了100匹。

吴某并未因此而满足,又试着用马去耙田。开始时马很怕水,不肯下水田,吴某硬是将马饿了两天,用鞭子逼着它下水。以后发生的事情,完全出乎村民的预料。经过训练后,马不仅能耙田,而且能犁旱地。此前,黄岗人由于山高坡陡水牛爬不上坎,只好喂黄牛干农活,水牛仅用作祭祀。万万没有想到,今天的黄岗人喂马也喂出了名,远近的侗寨人都羡慕黄岗人有马匹代劳,黄岗人也为此而自豪。

在这一个案中,引进马匹的全过程表面上看,几乎是从零做起,但实质上黄岗人祖祖辈辈饲养其他牲畜的经验和技能,一直在发挥着潜在的推动作用。就是饲养马匹的配套设施,如畜圈和牧场其实早已齐备,需要做的仅仅是熟悉马的生活习性而已。更重要的原因还在于,黄岗种植糯稻的农事活动,早就客观存在着一个巨大的可调适空间。在这个空间内,马可以发挥出特殊的效用,担负起繁重的田间运输任务,而这是其他牲畜所不能及的。

黄岗村民对糯稻品种的分类标准之一,是将糯稻品种分为"早熟"和"晚熟"两大类,此外还附加一个特别早熟的"六十天糯"。进行这样区分的动因在于,引导村民在播种时,就有计划地搭配种植品种,错开糯稻的成熟期,以利于劳动力的均衡分配,并确保成熟的糯稻得到及时的收割。表面上看,这样的分类纯属社会劳动力组织的需要,但若注意到黄岗的稻田海拔差异大、生态背景差异大、运输距离更长,将品种分为"早熟"和"晚熟"两类,其用意还在于高效地利用土地资源,避开生态的不利因素,这本身就是一项自然性适应的成果,但这样的分类仍然无法减轻收割时劳动力繁重的体力。

定居农耕民族都必须突出主种作物,农事活动也得针对主种作物的生长季节而安排。在这一点上,黄岗侗族村民与坝区侗族村民一致,田中种植的糯稻和放养的家鱼是收获物的支柱产品。此外,黄岗人也没有排除对田中自然长出的各项资源的高效利用。耙田插秧的时节,田中尚未放养鱼苗前,田中的水产不管是植物还是动物,都是耕种时的副产品。在水稻的生长期,这种分散性的水产收获,仍在持续,而且各家各户的稻田是开放的,其他村民只要不捕捉田中的鱼,其他水产可以任其自收自取。糯谷长高后,只要鸭子不妨碍糯谷的生长,稻田中还可以让别人放养鸭子。这样一来,黄岗侗族播种期和插秧期,不仅要随品种而异,随田块的远近做统筹安排,而且耕种与收获混合在一起,耗费的时间和整个完成的时间,比坝区侗族都要长得多。插秧从春分前开始,一直要到夏至才结束。在这一段漫长的农事操作中,名义上是种植,但实质上在种植的同时还要放养鱼苗、鸭子和其他牲畜,收获田中的各种动植物,因而步行和运输成了最花费劳力的项目。

另一个重要的收割特点是,侗族村民往往等不到糯稻成熟,就要采摘半成熟的糯谷,加工成扁米供大家分享。与此同时,放牧牲畜和鸭子也是天天需要做的农活,直到收获结束为止。从采摘"六十天"糯开始,黄岗人几乎是一边吃扁米,一边按照各品种或田块成熟的先后顺序,依次完成全部收割任务。各品种的成熟期,前后差距将近两个月,收割期也得延续两个多月才能最后完成。

马匹没有引进前,黄岗村民每天收获的糯稻和鱼,当天无法全部运回寨中,只好每次摘禾时,邀大伙一道前往,抓到的田鱼除了大的外,小的都在田头集体分享,烤鱼野炊。运不回家的糯谷,只好存放在田头竖立的禾晾上。引进马和马车后,摘下的糯谷和抓到的鱼当天就能全部运回家,大大节约了劳动力。因为收割和运输的速度加快后,牛、羊、马、鸭的放牧空间也在无形当中得到了放大。这正是当前黄岗牲畜占有量超过历史最高水平的重要原因之一。

在此个案中,马事实上填补了传统农事安排中的空档,又分担了村民繁重的体力劳动。这说明,立足于传统生计已有特点和客观自然与社会条件,能动地选择、引进外来技术,才能达到预期的目标。这样的现代流变,对文化的持有者永远是有百利而无一害的。

稻作农业篇

论侗族制度文化对传统生计的维护

——以黄岗侗族的糯稻保种、育种、传种机制为例*

崔海洋

摘 要:黄岗侗族村寨和其他侗族地区一样,也经历过"糯改籼""籼改杂"的历史过程。黄岗由于所在地偏僻边远,上述政策的推行都比较晚,这使黄岗绝大多数祖辈传下来的糯稻品种保存到今天。与此同时,它也不同程度地接受了各种籼稻品种和杂交稻品种,这就构成了传统生计现代流变的一条醒目线索。经过深入调查,发现当地保存完整的传统文化对糯稻品种的保种、育种、传种起着重要作用,并延缓了侗族糯稻种植传统生计的现代流变。

关键词:糯稻保种 传统生计 现代流变 黄岗侗族

一、黄岗村侗族情况介绍

黄岗村位于贵州省黔东南苗族侗族自治州黎黄平县西南,该村的辖地犹如黎平县伸出的一个半岛,东、南、西三面都是从江县的辖地,仅北面与双江乡所辖的平天、规密、四寨、芩河四个行政村相连。黄岗是一个苗侗杂居的行政村,主体民族是侗族,共计309户,其余的50户是苗族,侗族和苗族分寨而居。侗族居住在黄岗自然村,苗族居住在芩秋寨。黄岗寨居民中80%以上的家户,都同宗共祖,对外的汉姓是吴,其他姓氏如陈、汪、芳、石、潘都是获准定居的外来人的后代。黄岗村的吴姓宗族的成员陆续分化为五个房族,每个房族都有自己的鼓楼。五个房族的鼓楼从南向北依次排列是禾晾鼓楼、寨门鼓楼、老寨鼓楼、溪边鼓楼和寨尾鼓楼。每个鼓楼统辖的家户多少不一,溪边鼓楼统辖的家户最多,有80

---

* 本文发表于《广西民族大学学报(哲学社会科学版)》2009年第5期。

多户,是该村人丁最兴旺的房族。该村按照侗族的传统设有"萨岁"祭坛两座❶,主祭坛设在老寨鼓楼旁边,分祭坛则位于溪边鼓楼附近。与其他侗族村寨一样,黄岗村还建有风雨桥一座❷,是该村的又一标志性建筑。每个鼓楼都有一位房族寨老主事,黄岗村由五位寨老组成议事会,负责处理村里重大事务的决策,寨老们的决议大多委托村委会执行。侗族"老树护寨、老人管寨"❸的传统,在黄岗村仍处在延续状态之中。需要指出的是,这种老人管寨的制度对黄岗村的糯稻种植一直发挥着制度支持作用,糯稻品种的育种、保种、传种,都是由老人们自觉承担,并在老人们的感召下,得到年轻一代的支持,将当地世代选育的优良糯稻品种保存下来。

黄岗村和其他坝区侗族一样,一直沿袭着以种植糯稻为主、林粮兼营的传统生计方式。但到了人民公社化时期,侗族地区开始推行"糯改籼"政策,在这一背景下,处在坝区的侗族村寨逐步放弃了糯稻种植,改种籼稻、双桂一号、桂朝等高产籼稻品种。❹这些品种就这样被引进了侗族地区,成为侗族传统生计现代流变的代表性内容。

二、传统生计的现代流变

笔者认为,可以引入斯图尔德(Julian Steward)的"国家整合模式"❺观点和赫斯科维茨(Melville Herskovits)提出的"涵化"❻理论来探讨黄岗侗族传统生计的现代流变。斯图尔德认为,现代国家的上层建构,包括政府权力、法律、金融机构等,都属于整个国家甚至是具有国际性,因而它不代表任何具体的民族文化,而是为现代国家范围内不同亚文化、不同地区、不同部族所共享,因此他将属于这

❶ 石开忠.宗教象征的来源、形成与祭祀仪式——以侗族对"萨"崇拜为例[J].贵州民族学院学报,2005(6).

❷ 吴能夫.浅谈侗乡福桥(风雨桥)的名称涵义及其特殊功能[J].贵州民族研究,1993(1).

❸ 潘永荣.浅谈侗族传统生态观与生态建设[J].贵州民族学院学报(哲学社会科学版),2004(5).

❹ 贵州省黎平县志编纂委员会.黎平县志[M].成都:巴蜀书社,1989.

❺ JULIANH. STEWARD. Theory of Culture Change:The Methodology of Multili near Evolution[M]. Chicago:University of Illinois Press,1955.

❻ 黄淑娉,龚佩华.文化人类学理论方法研究[M].广州:广东教育出版社,2004.

一层次的社会文化事实总和,总称为"国家整合模式"。评论这一概念是否符合文化人类学研究的哲理逻辑,并不是本文的任务,但是借助上述理解,剖析传统生计为何必然发生现代流变却是可行的。所谓"涵化"是指一个民族在一定程度和范围内,在异民族的干扰下接受了一些不得不接受的文化内容,但对其他一些文化现象,则始终保持着自己的传统,并长期延续下去。这一概念对理解传统生计的现代流变具有重大的启迪价值。在现代社会中,特别是在经济全球化的大背景下,接受一部分现代社会特有的生产和生活内容,既是无法避免的事实,又是传统生计得以继续存在的必要条件。因此,我们不妨将传统生计的现代流变,理解为民族文化"涵化"的一种特例,也就是与物质生产直接相关联的"涵化"部分。

传统生计的现代流变既然是以"涵化"的方式纳入"国家整合模式",流变过程就必然是一个长期持续的过程,接受现代流变的程度和比例,也就可能出现地区性的差异和时间推移中的波动。具体而言在今天的广大侗族坝区,籼稻和杂交稻的种植面积早就超过了90%。作为侗乡人文景观标志的禾晾,早就淡出了人们的眼帘。但是在黄岗接受这一现代化流变的内容至今还极其有限。最近几年黄岗的籼稻杂交稻种植面积,从来没有超过耕地面积的10%。禾晾仍然矗立在黄岗寨成为侗乡罕见的人文景观,笔者认为,传统的社会制度文化,对保种、育种、传种的成功发挥的作用更为直接。

三、黄岗糯稻与侗族制度文化的关联

1. 传统糯稻品种保种的艰辛与传统社会机制

侗族居民一贯尊老敬老,而侗族的这一传统社会体制在糯稻品种保种过程中,发挥了制度保障作用。在田野调查中,虽然不能复原当年保种的艰辛,但可以再现制度保障在其间发挥的作用,我们确实找到了侗族老人与糯稻品种传承之间的直接关系。随着外来冲击的不断加强,黄岗地区的生态环境正在发生着持续的变迁,黄岗人所面对的社会环境也在不断地变迁,很多老一辈频繁使用的一些糯稻品种,年轻的一辈早已不再种植,但黄岗侗族老人还一直种植传统糯稻品种。黄岗两位吴姓老人就是这样,两位老人的儿孙们都和其他村民一样,早已不再种植"小牛毛"和"老牛毛"两个品种的糯稻了,但两位老人却在不足一亩的土地上,连年种植这两个品种的糯稻。黄岗的侗族老人,都在自觉地为保种默默地做奉献。

当代的田野调查资料充分证明像这样的保种老人,在黄岗寨不是一位两位,几乎每一家的老人都有这样的心思和行动。这些活动的动因,显然超出了经济利益和从众心态可以诠释的范围,而只有在黄岗侗族社会文化中才能找到正确的解释。访谈中,年轻人说老人想干什么就让他们干,应当尊重他们的意见;老人自己说,祖宗传下来的品种让它丢掉了太可惜,得把它种下去;村干部说,反正老人们用的地又少,对全村经济指标的完成也不产生影响,顺他们的心愿算了。上述各类解释其实都没有切中要害,但我们却有幸注意到侗族传统文化中的一些现象,与老人们的保种活动有关联。

在黄岗并行延续的二十多个稻种中,对稻种的名称大有深究的必要。例如,"苟金利"这一糯稻品种的得名,是因为这一糯稻品种是由一位叫金利的老人选育完成而传给子孙后代的。除了直接以人名命名外,还有很多糯稻品种是以引种的村寨命名的。需要注意的是,即使是这些引入地名的糯稻品种,黄岗地区的侗族居民也清晰地记得是哪一位老人将这一品种带入的。他们在利用这些品种时,都对带入该品种的老人充满了崇敬之情。因而,可将老人的保种行为视为社会激励机制导致的结果,当事的老人是在为追求一种永生的荣誉而付出艰辛的劳动。

由此可见,以命名的方式褒奖做出贡献的人物,是侗族传统文化带有普遍性的社会激励机制。正是这样的社会激励机制,激励着世世代代的黄岗人不断地引进糯稻品种,选育新品种,传承老品种。黄岗能够确保二十多个品种的并行延续,表面上看是某些人为此做出了贡献,而实质上则是黄岗居民都在为此做出自己的那一份奉献。但仅有这样的解释还不足以揭示老人们保种的全部动机。通过我们对侗族居民换种机制的观察,我们找到了问题的答案。原来侗族文化中客观地存在着换种种植的机制,在上文谈到多品种混合种植时已有涉及。其具体过程是这样的,居民间相互换种,都是用等量的谷把作交换,交换中既不明确地计量,又不得索要任何意义上的额外补偿,其性质类似于马塞尔·莫斯(Marcel Mauss)笔下的礼物馈赠,目的是增进相互间的融洽和人际联系。进一步的观察还发现,几乎每年都在侗族各家户之间展开,而且是一种轮回有序的谷种互换。

谷种的交换表面上是无偿的,但在以后的经历中,却会引发出一系列的回报机制。例如,老人掌握的稀有谷种,交换给十家人后,这位老人就赢得了这十家人的尊重,并派生出一种责任感来,今后无论老人遇到大事小事,得到实惠的居民总会想方设法服务于老人,缺了水会有人送水,缺了柴会有人送柴,房屋破旧了有人修补。总之,谷种的交换只有一次,但日后的回报却是无限的,老人们的保种一旦得到了这样的机会,无异于收到了一张可以长期获得潜在报偿的期票。同样,他的儿孙们也可以从中获得实惠。凭借这一点,就可以合理地解释儿孙们为何会全力以赴地支持老人们。引种育种和保种实际上也是一种全社会支持的社会行动,是制度性支持,在黄岗侗族居民中早已定型而持续发挥作用。

2. 传统糯稻品种的引种、传种与侗族传统习俗

黄岗传承的这些珍贵的糯稻品种能够保存到今天,黄岗所在的整个侗族片区及家族村社之间的传统习俗,对保护这些糯稻品种有很大的作用。育种保种既然不是纯粹意义上的个人行为,要完成这样的工作得在一个更大范围内展开。比如,引种就会超出黄岗的范围。黄岗现有的糯稻品种中,最远来自广西的三江,最近的出自邻近的龙图乡。这就意味着引种和保种,涉及更大范围的社会活动和相应的背景。侗族传统习俗并行着"吃相思""月地瓦""轮流过大节"等跨家族的节令活动。

"吃相思"的含义是,不同家族间相互集体做客,做客的时间都安排在冬季农闲时,几乎是全家出动,到邻近村寨吃住玩乐几天,尽兴而返。"吃相思"串寨做客轮换形式与马林诺夫斯基笔下的"库拉圈"相似。做客的过程,不在于礼品价值意义的任何计较,而重在人的接触和感情的交流。在这样的活动中,糯稻的谷种,就自然成了相互传递的对象,这与马林诺夫斯基笔下描写的贝壳串珠❶相似。在"吃相思"的活动中,黄岗村的老人们只要发现邻村种有与他们掌握的糯稻品种不同的新品种,就会向对方索取这样的品种带回本村来试种,同时将个别试种成功的糯稻以传入村寨的名称加以命名。其他村寨来黄岗村串寨时,如果引用了这个新品种,同样以这个名称来命名。这样稻种名称就随着时间的推移传遍

---

❶ 苑国华. 论"库拉圈"理论及其人类学意义[J]. 新疆师范大学学报(哲学社会科学版),2006(4).

了整个侗区,经过不断传递后,最先选育该品种的村寨由此在整个侗族地区获得了更高的声望。其结果使很多经济学家感到惊讶,传种本身没有什么经济意义,但品种传播几十年后,最先选育该品种的村寨,哪怕是青年人择偶,也可以获得优先权。正是这种需要漫长等待的报偿,持续地推动着整个侗族地区的发展,人们持之以恒地不断选育新品种,不断地传承老品种。围绕着糯稻品种,整个侗族地区持续地支持着糯稻品种的不断创新,也就是自然性适应的成效不断提升。

"月地瓦"是不同家族村社间,青年男女共同约定在某一年份集体上山开荒种地,早年主要是种棉花,后来演化为兼种各种旱地作物。集体劳动、集体生活一段时间,直到秋收后的八月十五,以联欢宴饮的形式结束。举行这一活动的目的是为了青年男女寻求伴侣,相当于集体谈恋爱,活动都是在双方的寨老议定和主持下完成。这样的集体活动,也能为糯稻品种的保种创造绝好的机会。青年男女从自己的家中自带粮食参与活动,糯稻品种的差异很快被其他村寨青年注意到,并进而演化为寨老参与下的谷种交换,最终实现不同谷种在各侗族家族村社之间的扩散和对流。由于运行的实质与"吃相思"相同,此处不再赘述。

"轮流集体过年节"是黄岗所在片区侗族各家族村社的老传统,黄岗寨按例轮值于每年的农历六月十五过年节。届时,相关各家族村社都要集体参与黄岗寨的祭天的集体宴饮并走亲访友。黄岗寨选育成功的新老"列株"品种就是通过这一形式传播到邻近各寨,并形成了"苟列株"和"苟黄岗"两个名称并存的格局。黄岗所处的侗族寨社区的很多年节祭祀活动都具有跨家族村社的性质,且在这样的活动中交换谷种早已规范化和制度化。

3. 传统糯稻新品种的育种过程和育种机制

在"糯改籼""籼改杂"的过程中,黄岗人传承珍稀糯稻品种的成绩最为突出,不仅有制度和习俗保证,还与黄岗人的特殊气质相关联。黄岗的先民移民到这一地区定居,早就经历过"生于忧患,死于安乐"的磨难,这样的磨难加上自然生态对糯稻种植的极端不利,造就了黄岗人的特殊气质。他们不仅把在当地具有生态适应价值的珍贵糯稻品种视为珍宝,自己也在不断地求新和探索,不断地选育新品种。将这些珍稀的糯稻品种保存下来,成为整个侗族地区的共同财富。新糯稻品种的选育成功,是黄岗居民生物性再适应的标志,而新品种的选育同样不是纯粹个人活动的结果。黄岗并不存在职业的农学家，但每一位侗族居民都在承担着农学家的使命。一个物种移植到异地后，其生物习性虽然会发生一定的变异，但这样的变异并不具备遗传的特性，而要获得遗传的特性，还得靠有性繁殖，因而整个新品种的育种过程，必然表现为不同品种糯稻的异花传粉创造条件。创造这样条件的社会背景，在侗族地区表现得很不均衡。生息在坝区的侗族居民，由于所处的生态背景同质性较高，同一品种适宜的范围规模很大，以至于同样是侗族村寨，比如有名的车江大坝和黎平洪州坝子的居民，使用的糯稻品种就十分单一，数千亩的土地上种植的糯稻品种一般不超出3~4个，不同品种异花传粉的机会自然概率不大。黄岗及其周边地区则不同，在极为狭小的范围内，甚至在不到一亩的田块上都会并行种植两三个品种。不同品种异花传粉的概率就大得多，选育新品种的可能性也在无形中被放大。由此看来，黄岗及周边地区，似乎是糯稻新品种选育的摇篮，对这种摇篮的形成也应当有其文化的成因，而绝不能视为个人的好恶或天生的特性，只能理解为特殊文化背景下文化再适应机制作用的结果。

4. 传统糯稻的生物特性与传种机制

黄岗在现代化传统生计的流变中，能保存下这些珍贵的糯稻品种，不仅得力于人的因素，也得力于这些糯稻品种本身的生物特性。据笔者调查，这些糯稻品种的生物性状，与常见的稻谷差异十分显著，其生命极其顽强，能够在同一块稻田中看到好几种糯稻品种。在黄岗不起眼的固定水域乃至林间荒地中，也能看到这样的糯稻品种混种在杂草丛中。

事实上，这样的一些糯稻品种，在丛林环境中生命极其顽强，即使没有人呵护也不至于绝种。当然也有例外，一种被称为"苟杨荡"的珍稀糯稻品种，目前在黄岗寨已经失传了。但黄岗侗族居民一提到这种糯稻就会垂涎欲滴。据说在整个黄岗寨只要有一家蒸这种糯米饭，整个黄岗寨都可以闻到香味。有幸的是笔者在调查中获知，这个品种并没有真正地失传，在黄岗寨以外的一个苗族村寨，还有少数农户在继续种植这一珍稀的糯稻品种。

在调查中笔者还搜集到了另一个珍稀糯稻品种的故事。这个糯稻品种的侗语名称我们当时没有记录下来，翻译将它意译为"鹅血红"。这个品种的标志性特征在于,谷壳鲜红色,像鹅流出的鲜血一样。它的生物性状极为特殊,其他的水稻在稻谷成熟时,整个稻叶和稻秆都会很快地枯黄,只有这个稻谷品种成熟后,整个植株仍然青枝绿叶,将谷穗摘走后,只要不动其根,整个植株在田中还可以保持到一个半月到两个半月不会枯萎。侗族居民们种植这个糯稻品种的目的是为牛羊等大牲畜提供越冬用的新鲜饲料,可以说这是一个特有的农牧兼容的糯稻品种。

传统生计的现代流变,既然主要表现为文化的社会性适应,那么社会性适应的固有特点,必然支配着现代流变的具体过程。就一般情况而言,社会性适应的对象,其延续能力比自然性适应的对象差得多。社会性适应的对象消失后,社会性适应的成果还可以在文化中延续,只不过一般都要通过虚化、象征化、礼仪化的过程,以变形的形式留存在相关文化之中。

四、结　语

黄岗的珍稀糯稻品种,在传统生计的现代流变中可以称得上是一个特例,传统生计中的其他内容往往在不知不觉当中被替代,而糯稻品种却在顽强传承的同时让出了一小部分的空间,使杂交稻和籼稻的种植成为可能。由此可见,传统生计的现代流变绝不是消灭传统生计的过程,而是一个民族文化之间的"涵化"过程,也是一个"国家整合模式"丰富与完善的过程。通过以上个案研究,笔者认为,黄岗传统生计的现代流变过程比其他侗族地区缓慢,绝不是因为地缘的偏僻,而是当地保存完整的传统社会制度文化起到了重要的作用。

从糯稻品种的多样并存看侗族传统文化的
生态适应成效*

崔海洋

摘　要: 笔者根据近年来生态人类学研究的最新成果,从糯稻种植文化对资源短缺的补救能力角度探讨了糯稻品种多样并存的适应成效,并希望这一探讨能够得到推广,应用到其他民族文化中,以便准确地评估其生态适应水平的高低。

关键词: 文化适应　生态环境　成效

一、引　言

从斯图尔德(Julian Steward)提出"文化生态学"以来,探讨文化适应的论著不计其数,但如何认证适应的成效和适应达到的水平,却一直没有找到统一的计量分析标准,传统生计是否完成了适应,全凭研究者做出主观判断,仁者见仁,智者见智,其说不一。杨庭硕教授出版了《生态人类学导论》❶一书,对文化的生态适应水平提出了三项评估指标:一是对资源短缺的补救能力,二是抗御自然风险能力,三是规避生态脆弱环节的能力。由于篇幅有限,本文将借助三项指标中的对资源短缺的补救能力指标,具体剖析黄岗村侗族居民稳定传承23个糯稻品种的文化适应意图及其所达到的成效,并希望这样的工作能成为今后评估不同民族文化对所处生态系统适应水平高低的参考性方案。

---

* 本文发表于《学术探索》2009年第4期。

❶ 杨庭硕. 生态人类学导论[M]. 北京:民族出版社,2007.

二、黄岗侗寨糯稻传承现状概述

贵州省黎平县双江乡黄岗村是一个边远的侗族山寨,该村东、南、西三个方向都与从江县毗邻,只有北面与双江乡相连,2009 年以前没有正式的公路抵达该村,无论从黎平县城还是从江县城抵达该村都要大费周折,也正因为该村地处偏僻,侗族的传统文化在这里得到了相对完好的保存,因而成了探讨侗族传统生计的理想田野调查点。

该村的黄岗寨有侗族居民 308 户 1200 多人,承包的耕地 1500 多亩,森林 27000 多亩,侗族传统生计中的稻—鱼—鸭共生耕作、林粮兼营、农牧兼营在该村都保存得极为完整,但其中最令人惊讶的是他们所种植的那些琳琅满目的糯稻品种。黄岗侗族居民日常喜欢吃糯米,日食三餐都有糯米饭,但这些糯米却包含着几十个不同的糯稻品种。此外,还有 12 个品种存有种子,可以随时根据需要恢复种植。这样多的糯稻品种,显然有其特定的文化适应价值。

黄岗侗族居民不仅以他们拥有的这些琳琅满目的糯稻品种而自豪,也可以通过他们对这些糯稻品种的选育成功和保种,展示他们的聪明才智,还可以通过这些糯稻品种的生物适应能力,揭示黄岗侗族居民补救自然资源短缺的能力。

三、黄岗自然资源短缺现状

黄岗地区山高林密、河谷幽深、地表崎岖,不利于水稻种植,制约水稻种植的自然条件至少包括如下六项:其一,由于丛林密布河谷幽深,星散在其间的稻田必然会日照不足。不少田块一天当中阳光直接照射的时间少于 4 小时,日照不足是水稻种植的大害。其二,同样是因为森林密布,地表水域接收日照的时间太短,因而水温普遍偏低。笔者的实测表明,黄岗许多稻田夏季最高水温达不到 25℃,这同样是水稻种植的大害。[1]其三,黄岗地区海拔偏高又处于冷暖空气交汇的锋面带,因而阴天多晴天少,全年晴天不到 96 天,春秋两季更会遇上连天的雾雨,弥天大雾中夹杂牛毛细雨。秋季时常常会连续四五天浓雾不散,对水稻的扬花而言会造成致命性的损害,这更是水稻种植的大害。其四,黄岗地区正

---

[1] 查光天,鲍思祈. 气候因子对早稻产量构成的影响[J]. 浙江农业科学,1986(4).

处于溪流的源头,加上山高坡陡,致使雨量虽然丰沛,但海拔较高地段稻田容易脱水,是水稻种植的大害❶,海拔较低的地带水资源虽然有保证,但水温偏低、稻田容易漏水,也不利于水稻种植。其五,春秋两季气温偏低而且波动幅度大,特别是早霜和秋霜对水稻育秧和收割都极为不利❷,种植水稻即要防止烂秧,收割时又要防止出牙和霜害,这也是水稻种植的大害。其六,不同田块的自然资源配置差异太大,没有任何一个水稻品种能普适于黄岗的所有田块,这也是水稻种植的大害。上述六项自然资源短缺,虽然是不能回避的客观事实,但我们的调查结论却证实,这里的水稻种植不仅稳产,而且高产,即使碰上了严重的自然灾害,水稻也不会明显减产。这足以证明黄岗人琳琅满目的糯稻品种,确实具有补救自然资源短缺的自然性适应能力。

四、适应丛林阴冷环境的特异糯稻品种

在黄岗的众多糯稻品种中,能适应阴冷、短日照环境的糯稻品种有如下几个。

1."苟羊弄"

"苟羊弄"一名来自侗语的音译,侗语的原意是"密林深处的糯稻",单从这一名称就可以看出它的特异生长习性。据村民吴成龙回忆说,他家祖孙三代都精于种植"苟羊弄"。据笔者踏勘,发现他家的稻田全部掩映在森林中,海拔高度810米左右,周围的树林距离田坎最近处不到1米,最远处也不到4米,农田的开口虽然朝向山谷,但开口偏北,稻田的东南西三面都被森林环抱,林相高度超过15米,阳光能够直接照射整个田块的时间不会超过4小时,稻田的日照明显不足。据吴成龙回忆,他家的稻田在近几年来,产量一直稳定从未减产过。笔者根据残存的稻桩密度、平均有效分蘖数、每穗平均粒数及千粒重这4项测量结果推算,他家这块地的产量合每亩400千克左右。

吴成龙亲家的稻田更为特异,稻田位于一个洼地上,四面环山,稻田近似于椭圆形,四周均无毗邻稻田,完全是一块孤立于森林中的稻田。整个水田全凭浸

---

❶ 严伟群,等.水稻病虫综合防治技术[J].上海农业科技,2006(6).

❷ 杨渊华.认识气候变化规律预防霜冻灾害[J].内蒙古气象,1995(6).

出的泉水灌溉。但多年来这片稻田产出禾把一直稳定在35～40把❶,而且即使不施肥也不会减产。这片稻田还有一个特异之处,它并不像该村的其他稻田那样,为了控制水土流失,在稻田的周边都人工设置浅草带,起到减缓径流流速固土保水的作用,并兼具控制鼠雀为害的作用,但这块稻田没有这样的浅草带。这位老乡解释说,他的这块田四周都是森林,不必设置草带固土保水,因而犯不着浪费人力去设置草带,但他却没有提及,这样一来他家田的直接日照时间将更短。从四周森林又高又密的现象可以推知,即使在夏季的正午,阳光也不可能同时照射到整个稻田。但庆幸的是,这块稻田的产量虽然比上一块稻田稍低,但产量却很稳定,充分表明了"苟羊弄"这一品种对丛林生态环境的适应能力。

2."万年糯"

连片森林的存在,不仅直接荫蔽了水稻生长特别需要的阳光直射,而且会导致山间的溪流和井泉水温降低。在黄岗除了林中田外,还大量存在着"冷水田"和"锈水田",一般的水稻品种即使能在这样的田中存活,产量也会大幅减少。因为在这样的水田中,一般的水稻品种不容易分蘖,稻秆细弱容易倒伏,为了对付客观自然资源的这一缺失,黄岗人的先辈在培育"苟羊弄"的同时,还选育出另一个丛林水稻品种,称为"苟问"。这个糯稻品种得名的依据是,它是老祖宗传下来的看家品种,"问"的含义是一万,因而"苟问"这个糯稻品种名称也可以意译为"万年糯"或"古糯"(侗文:KgouxWeenh)。这个糯稻品种适合于种植在"冷水田"和"锈水田"中,在这样的劣质稻田中,"万年糯"照样可以正常分蘖和结实,而且籽粒饱满。与"苟羊弄"相似之处在于,这两个品种的禾秆都特别硬,特别高,稻穗也特别长,连禾秆可达到50～60厘米,因而"米芯草"的产量特别高。所谓"米芯草"是指稻穗脱粒后的带穗禾秆,"米芯草"是当地日常生活的必需品❷,也是纤维工业的原料。但这个品种需要较多的阳光直射,在这一点上恰好与"万年糯"相匹配,可以种植在密林的边沿,或者次生林中的稻田。

据当地居民介绍,凡是"冷水田"和"锈水田",森林边沿的田地在2003年以前都普遍种植。

---

❶ 1把为1400～1700克。
❷ 当地侗族上厕所一般都携带5根左右的"米芯草"来代替卫生纸。

3."苟列株"

"苟列株"是黄岗村民公认的普适性糯稻品种,这个品种在黄岗村近两年得到了最大限度的推广,2007年的种植面积估计要突破全村稻田面积的65%,该村80%的农户都种植有"苟列株"。与"苟羊弄"和"万年糯"不同,它是近年来才选育成功的优势新品种,不仅在黄岗普遍种植,而且传播到了周边侗族村寨,周边村寨的侗族居民都将这个品种称为"苟黄岗",意思是说,是黄岗人选育出来的好品种。黄岗人之所以把它称为"苟列株",是因为这个品种农历九月成熟,汉语意译为"九月糯"。在黄岗村,我们还找到了"苟列株"的原本,也就是当地人所称的"老列株"。

"老列株"也是适应于丛林环境的糯稻品种,黄岗侗族乡民从这个品种出发选育出了一个新的糯稻品种并命名为"列株",自然这个老品种也就相应地被称作"老列株",新列株虽然选育成功,老列株并没有被淘汰,黄岗村民仍然种植这个老品种,老列株的种植范围主要是与苟羊弄比连种植,种在丛林中或森林边缘的田块中。考虑到黄岗地区早年的丛林比今天还要茂密,因而上述3个糯稻品种应当是他们在这种特异的生态环境中站稳脚跟的支柱,因为这3个糯稻品种能应对日照短、气温和水温偏低、早霜和浓雾频繁发生复合造成的资源短缺环境,因而他们的选育成功和传承种植是侗族文化补救资源短缺的适应典范。

五、应对水资源易流失的糯稻品种

黄岗地区由于海拔差异大,坡度又陡,因而大气降水即使有茂密的森林储养,仍然极易流失,特别是海拔较高的田块经常会面临脱水的危险,这对水稻的生长极为不利。为了应对这一资源短缺状况,黄岗乡民不仅选育出了补救这一资源短缺的糯稻品种,还在糯稻选育和农田建构上做出了高效的适应。

一种糯稻侗语名为"苟略西闷",汉语可意译为"六十天糯"(侗文:Kgoux-LiogcxebcMaenl),这个品种从插秧到收割只需要六十天。而极为耐旱的糯稻品种首推"苟金洞",这是从广西三江侗族自治县金洞村引进的品种。这两个品种插秧后即使碰上干旱,稻田完全脱水甚至稻田开裂也不会减产,其生物特性接近于云南拉祜族、基诺族所种植的旱稻,"苟金洞"的收割期比"苟列株"可以提早半个月。

黄岗居民长期稳定种植一定比例的这两个品种,是为了补救当地自然资源配置的短缺。在黄岗大概有2%的稻田修建在高海拔的山顶上,四周有桅树草坡环绕,完全没有水源补给,稻田用水全靠下雨。而黄岗的主雨季要到农历四五月才发生,雨季过后一般都有伏旱,大致农历五月中旬开始到农历六月中旬结束。这类稻田一场伏旱就会完全脱水。若种植其他糯稻品种,要么根本不结实,要么大幅度减产,但种植"六十天糯"和"苟金洞"却可以稳产高产。原因在于雨季前只要能够插上秧,那么即使遇上伏旱,"六十天糯"已经进入了扬花季节,需水量较少,因而不会影响产量。至于"苟金洞",由于它本身就耐旱,即使旱地移栽也能成活,伏旱对它的威胁也就几乎接近于零了。据此可知,这两个品种的育成和引种,完全是针对高山稻田缺水这一自然资源配置短缺而采取的文化适应措施。

六、应对环境差异大的适应补救

整个黄岗地区除了山高林密、气温和水温偏低、水资源易流失外,田块所属背景的差异大也是极为明显的资源短缺事实。不同田块之间不仅海拔高低不同,水温气温也有区别,土壤的理化性能也各不相同。于是,在黄岗乡民的知识库中早就形成了糯稻品种归类体系。其中一种归类方法就是把糯稻品种划分为低地品种、中地品种和高地品种,以下品种就是他们观念中的低地糯稻品种。

黄岗村北部的稻田全部位于平天河、黄岗河和芩秋河三条河流交汇点处的河滩地上,这些稻田所在地的海拔高度处在420～500米,这一海拔高度的稻田处在宽谷坝区,由于这些稻田四面环山而且森林密布,加上三条河流都从林区流出,水温偏低,而且夏季太阳光能直射稻田的时间平均不超过5小时,致使土温、水温、气温在春夏之交的升温过程中都会比同纬度的坝区稻田推迟半个月到一个月,而秋冬之交"三温"降温的时间又会比同纬度的坝区稻田推迟一个月到一个半月。即使到了隆冬季节,土温还维持在10℃左右,终年不会有霜雪。为了对付积温偏低这一自然资源配置短缺,黄岗居民选育出了专供此类稻田使用的特异糯稻品种,即"苟并贵劳""苟贵郎"和"苟并帕"。

1."老牛毛糯"

"苟并贵劳"得名于它的谷穗像老牛的毛那样又稀疏而长,因而可以用汉语意译为"老牛毛糯"（侗文：KgouxBienlGuicLaox）。这是一种秆高、秆硬,稻穗粗短密集,但谷芒又直又硬并略带灰褐色的糯稻,产量高且稳定但不耐寒,超过500米的稻田如果种植"老牛毛糯"产量就会明显降低。

2."小牛毛糯"（侗文：KgouxGuiLangx）

"苟贵郎"的得名是因这个品种谷芒较长而软,但谷粒长得非常紧密,因而从外观上看整个稻穗只见浓密的茸毛不见谷粒,形同小牛犊的尾巴,若用汉语意译可以与上一个品种对举称为"小牛毛糯",它的生长习性与"老牛毛糯"相近,但米粒细、质地软、口感很好,当地侗族居民都很偏爱食用它。

3."杉树皮糯"

"苟并帕"这个糯稻品种的得名的依据是稻穗成熟后呈现较浓的灰褐色并略带红色,与成年杉树的树皮颜色极为相似,因此可以用汉语意译为"杉树皮糯",它的生物习性也与"老牛毛糯"相近,不同的是它可以种植到550米左右的稻田中。

这三个品种的共性特征在于,谷穗中谷粒排列较紧密,但谷芒特长,为8~12厘米而且颜色偏深。这些形状特征与上文提到的"深山糯""老列株"和"万年糯"的谷穗性状相似,但前三个品种谷穗的颜色偏浅,谷粒排列疏松,谷穗偏长。因此,笔者怀疑"老牛毛糯"等三个品种是黄岗先民定居黄岗时从坝区众多的糯稻品种中精选后,最先带到黄岗的糯稻品种,同时黄岗北部的这些河谷稻田也应当是黄岗先民最先开辟的稻田。一方面,这一地带距离他们迁出的故乡四寨最近;另一方面,这一地带的自然背景也和他们的故乡四寨最接近。从故乡的已有糯稻品种中精选出适合于这一地带种植的糯稻品种难度也不大,由此可见"老牛毛糯"等三个糯稻品种引入黄岗其目的正在于补救这片河滩自然资源配置上的短缺。这是黄岗侗族文化的文化适应取得成功的第一步,接下来的第二步应当是从这三个品种的自然杂交中先后选育出"万年糯""深山糯"和"老列株"等三个品种。文化适应的这一成功,使黄岗人把稻田修进了深山密林,并因此而获得补救深山密林自然资源配置短缺的适应能力。

4."红禾糯"

总体而言,整个黄岗地区森林密布,镶嵌在密林中的稻田一般不会缺肥,即使不使用农家肥也不会明显减产,反倒是那些"寨脚田"和"河滩田"往往因为过于肥沃,其他品种的糯稻不能抗肥,以至于无法正常生长并获得较高的产量。针对这一自然资源配置特点,黄岗居民成功地选育出了"苟亚",按字面意义汉语应称为"红禾糯",得名的依据是成熟时谷壳偏红,这是一种壳薄芒短米粒较圆的糯稻品种,耐肥性特强,耐阴性能与"万年糯"相近,但稻秆矮而弱不抗倒伏,因而成熟季节遇到连天阴雨和寒露就容易出芽减产,因此"红禾糯"的种植范围仅限于村寨的周围和交通沿线。目前,"红禾糯"的种植面积仅次于"苟列株",但今后它的种植面积只会缩小不容易扩大。这是因为黄岗林区的林木生长迅速,只要退耕还林政策继续执行下去,"万年糯""深山糯"和"老列株"等老品种的种植面积就会挤占当前的"红禾糯"和"苟列株"的种植面积。文化的自然性适应本身就具备弹性动态调节的禀赋,各品种种植比例的变迁可以随时补救自然与生态环境变迁造成的资源配置短缺。

5."苟列株"

新老"列株"的区别在于,"老列株"的芒很长与"苟羊弄""万年糯"相似,植株比"新列株"更高,全株可达到140厘米以上,但产量较"新列株"低,适合种植的范围与"万年糯"相同。随着黄岗地区森林的蜕变,"老列株"和"苟羊弄""万年糯"的种植面积正逐年萎缩。因此,这三个品种种植面积的大小可以作为黄岗地区森林生态环境恢复程度的度量指标之一,从种植面积的逐年萎缩可以间接地知道黄岗地区的森林生态系统正处于快速蜕变之中,若不采取紧急措施,后果将极为严重。

七、对气候风险的补救性适应

黄岗地区的风险性气候变数包含两个方面,其一是早春时节频繁发生的寒潮,其结果会导致撒秧期的水稻烂秧;其二是成熟季节的霜雾袭击,会导致蜡熟期的糯谷受到冻害。此外,黄岗地区的高位稻田有些年份还会遭到雪凝冻害,在这样的年份降雪后水稻还没收割完,乡民们不得不在大雪天继续收割糯稻。上述几个糯稻品种在生物特性上表现出如下一些共性特征。

首先,上述几个糯稻品种的谷粒顶端大都长有长芒,而且谷壳坚硬(仅红禾例外),壳上都长有倒刺状的几列绒毛,犹如给谷粒穿上保暖的衣服,凭借这样的生物特性,不管是遇到了秋霜浓雾,还是遇到降雪,都只能伤及长芒或绒毛,不会伤害到谷粒,因而与其说侗族乡民偏好带长芒的糯稻,倒不如说这是他们应对气候风险而在育种中做出了成功的适应。

其次,这些糯稻品种的谷种都具有不怕水淹的生理特性。笔者在黄岗的撒秧季节做过实际测量,当地侗族乡民的秧田撒秧时的水深都在10~18厘米,田水的温度长期恒定在12~17℃,即使遇到了寒潮水温也不会大幅度下降。降温绝对不会降到12℃以下,原因在于这些田大部分是靠井泉灌溉,而井泉的出水温度有地热保温自然不会大幅度波动。众所周知,正在发芽的稻种水温低于12℃会出现烂秧,侗族乡民实施深水撒种正好是适应倒春寒气候风险的有效手段。但问题在于,如果这些糯稻品种不耐水淹,这样的对策就不能成立。事实证明,他们这种撒秧方式,不仅不会出现烂秧,而且生长良好,出芽成活率可稳定在98%以上。因而,他们的糯稻品种具有这样的共性生物特征,也是他们定向育种取得的成果。这样的育种现象同样显示了抗风险适应的成效。

最后,上述几个糯稻品种还有一个不容易觉察的共性生理特征,那就是扬花时节可以做出主动调试,避开浓雾天气,在难得的晴天迅速完成扬花和受粉。在黄岗推广种植的杂交稻和仙稻不管如何管理都会出现一定比例的瘪谷,考虑到黄岗常年多雾这本不足为怪,但他们种植的糯稻很少出现瘪谷,这就不能不使人感到惊诧了。在惊诧的背后隐含的事实正好是侗族文化抗风险适应成效极高。

八、其他的补救性适应成效

自然资源配置上的短缺虽然具有很高的稳定性,但不排除有些配置在人力的干预下会较快重新组合,如森林被砍伐导致的资源重组其变化速度就较快,上文在讨论"苟列株"时就涉及了这一点,此外黄岗侗族乡民引进"苟便龙图",也是处于相似的文化适应需要。

1."龙图糯"

在黄岗地区随着森林的蜕变,原先掩映在丛林中的稻田开始暴露在阳光之下。这种具有新性能的稻田,黄岗侗族原先没有与之匹配的稻种,于是通过"吃相思"从临近的从江县龙图乡引进了一个新的糯稻品种,名字叫"苟便龙图",侗语得名的依据是这个品种的稻穗谷芒长而软,但排列较为稀疏,当风吹过时,谷芒会在空中摇曳,很像是侗族妇女裙边的流苏,因而将它称作"龙图流苏糯",用汉语称呼时最好简称为"龙图糯"(侗文:KgouxBieenghLongcdouc)。不言自明的事实在于,黄岗人引进这个品种的目的仅是为了应对环境蜕变的挑战。一旦森林生态系统全面恢复,这个品种的种植面积就会大幅度萎缩。

由于气候的变数不具有规律性,黄岗已有的糯稻品种虽然可以应对这些变数,但却必然导致成熟期的延长,使一些原先成熟期有间隔的糯稻品种同时成熟,这对劳动力组织而言会造成收割时劳动力的短缺,以及晾晒设施的不够用。为此,黄岗乡民采取了相应的适应对策,从汉族地区引进了"高径草糯""矮径草糯"两个糯稻品种并维持1%~2%的种植比例,目的是调剂劳动力的分配,应对气候变数波动导致的收割劳动力短缺。

2."高径草糯"和"矮径草糯"

"高径草糯"(侗文:Kgouxjimlsaospangp)和"矮径草糯"(侗文:Kgouxjimltaemk又名kgouxDiosbegx)侗语名称分别是"高径草帕"和"矮径草它",汉语名称是从侗语的原名音译兼意译而来,这两个糯稻品种都是从汉族地区引进的糯稻品种,其生物特性迥异于上述各个品种。其芒短容易掉粒并容易遭到鸟害偷食和寒露侵袭,收割时得用打抖脱粒,打抖过于笨重在黄岗搬运极为困难。本来不适合在黄岗地区种植,但20世纪60年代政府强行推广"糯改籼",种植黏米必须用打抖脱粒,因而这两个糯稻品种夹带着传进了黄岗。

青年男女是糯稻收割的主力军,人性化的劳动力管理,同样有助于社会力量的凝聚,从而在应对资源配置变数时,表现出更强的文化适应能力。为此,黄岗侗族乡民还引进了"黄芒糯"这个满足特殊需要的糯稻品种。

九、结 论

黄岗的糯稻种植生计,仅是我国众多百越系统各民族早年共有生存方式的残存。检索相关文献后不难获知,20世纪中期以前,整个湘、黔、桂毗邻地区世代生息的壮族、布依族、水族、毛南族、仫佬族和侗族，还有一小部分瑶族和苗族，他们都一直靠糯稻为生。他们种植的糯稻和今天在黄岗所看到的糯稻种植文化相近或相似，其山区农田的建构也与今天在黄岗看到的农田结构相似。

难能可贵的是，黄岗人通过数代人的努力，培育出来了多种糯稻品种，并巧妙地利用他们的特异生物属性，补救了当地自然资源配置上的短缺，在最不适宜种植水稻的地方种上糯稻。糯稻种植生计的沿袭，确保了以糯稻为中心的侗族传统文化在黄岗至今能够稳态延续，生态环境得到了维护。当地侗族居民通过在丛林中建构稻田，又无意中在森林生态系统中插入具有湿地功能的稻田，拉大了食物链，提高了生物多样性水平。这些传统糯稻品种的传承，不仅为我国水稻研究提供了宝贵的遗传基因资源，也为研究"糯稻文化圈"提供了宝贵的基础信息。

侗族地区引种杂交稻引发森林生态蜕变的文化思考

——以贵州省黎平县黄岗村为例*

崔海洋　姜大涛

摘　要：黄岗侗族居民世代执行糯稻种植为主、林粮兼作的传统生计。由于该地地理位置偏僻，这种传统生计得以较为完整地保存至今。为此，本文立足于文化的整体观，通过剖析黄岗推广杂交稻所引发的生态变化，提醒相关部门在制定、执行政策时，必须考虑各民族文化和生态背景的差异性，才能防范、化解政策和生态风险。

关键词：文化偏见　杂交稻引种　农业政策　森林蜕变

一、引　言

贵州省是一个多民族省份，其中布依族、苗族、侗族、水族等世居少数民族有18个。❶这些民族，在利用和适应生态环境的过程中，创造出了丰富多彩的农耕文化。其中，属于古百越族系重要成员的侗族，在丘陵坝区建构起来的独特稻作文化一直被学术界所关注。经调查发现，黎平县黄岗侗寨由于地理位置偏僻，侗族的稻—鱼—鸭共生、林粮兼作等传统农耕方式在这里保存得极为完整，并且至今还传承着20余种传统糯稻品种。这些生物特性各异的糯稻品种，使当地侗族居民克服了生态环境差异大的难题，成功地在丛林环境中修建了稻田。这种丛林稻田的存在，无意中在森林生态系统中插入了湿地生态系统，两种生态系统的和谐共存提高了生物多样性水平。近年来，黄岗村在经历"糯改籼""籼改杂"❷引

---

* 本文发表于《山地农业生物学报》2010年第4期。

❶ 龚德全. 30年来贵州世居民族岁时节日文化研究综述[J]. 贵州民族学院学报(哲学社会科学版)，2008(3).

❷ 杨伟兵. 由糯到籼：对黔东南粮食作物种植与民族生境适应问题的历史考察[J]. 中国农史，2004(4).

种部分杂交稻后,不仅导致当地侗族传统农事操作的节奏被打乱,森林生态也发生了不同程度的蜕变。本文立足于文化的整体观,通过对黄岗推广杂交稻所引发的森林生态蜕变的文化成因剖析,希望相关部门在推行农业政策时,能够兼顾传统文化和当地生态环境的差异性,使这些民族的传统文化和生态环境得到可持续发展。

二、黄岗寨不利于水稻种植的生态环境因素

黄岗地区山高林密、河谷幽深、地表崎岖,按照水稻专家的成熟理论,这样的地段显然不利于水稻种植。制约该地区水稻种植的自然与生态资源至少包括如下6项。

第一,由于丛林密布河谷幽深,星散在其间的稻田必然会日照不足,我们通过田块实地测量证实了这一点。不少田块一天当中阳光直接照射的时间少于4小时,日照不足是水稻种植的大害。

第二,同样是因为森林密布,地表水域接收日照的时间太短,因而水温普遍偏低。笔者的实测表明,黄岗许多稻田夏季最高水温都达不到25℃,这同样是水稻种植的大害[1]。

第三,黄岗地区海拔偏高又处于冷暖空气交汇的锋面带,因而,阴天多晴天少,全年晴天不到96天,春秋季更会遇上连天的雾雨,弥天大雾中夹杂牛毛细雨。秋季时常常会连续4~5天浓雾不散,对水稻的扬花会造成致命性的损害,这更是水稻种植的大害。

第四,黄岗地区正处于溪流的源头,加上山高坡陡,致使雨量虽然丰沛,但海拔较高地段稻田容易脱水,是水稻种植的大害[2],海拔较低的地带水资源虽然有保证,但水温又偏低,稻田容易漏水,也不利于水稻种植。

第五,春秋两季气温偏低而且波动幅度大,特别是早霜和秋霜对水稻育秧和收割都极为不利[3],种植水稻既要防止烂秧,收割时又要防止出牙和霜害,这也是

---

❶ 查光天,鲍思祈.气候因子对早稻产量构成的影响[J].浙江农业科学,1986(4).

❷ 严伟群,陆建明,等.水稻病虫综合防治技术[J].上海农业科技,2006(6).

❸ 杨渊华.认识气候变化规律预防霜冻灾害[J].内蒙古气象,1995(6).

水稻种植的大害。

第六，不同田块的自然资源配置差异太大，没有任何一个水稻品种能普适于黄岗的所有田块，这也是水稻种植的大害。

为了克服所处环境的上述6大不利因素，黄岗人经历了千百年的世代努力，凭借不同糯稻品种间的自然杂交，选育出了难以统计的糯稻品种来，保证了糯稻种植和稻鱼共生的侗族传统生计方式在黄岗的稳态延续。在黄岗调查期间，笔者等记录到侗族乡民可以回忆起来的祖辈与父辈种植过的糯稻品种共计27种，亲手检验过的不同糯稻品种的种子标本共计23种。黄岗乡民现今尚在种植的糯稻品种不少于13种。

三、黄岗寨传统糯稻品种克服不利生态环境的共性生物特征

黄岗人所培育出或引种的这些糯稻品种，无一不具有独特的生物属性，足以从不同角度解决上述6大难题。就总体而言，上述糯稻品种大都兼具如下5项生物特性。

第一，除"矮茎朝"外，其他品种都稻秆粗壮（每一棵有效分蘖的植株，最粗的禾秆直径可以超过1厘米），而且秆部和根部都能忍受长期水淹缺氧的不利环境，因而都不怕深水长时间浸泡。这一生物属性有利于深水撒种（水深15厘米也能正常撒种、出芽）、深水插秧（插秧时秧长45厘米，即使水深30厘米左右也可插秧，并能成活），并能抵御50厘米深水的长时间浸泡，即使超过半个月也不会减产。

第二，大多数糯稻品种，谷壳顶端都长有长芒，而且谷粒即使受到撞击也不会脱落，糯稻抽穗后，谷穗犹如一条巨大的毛虫。这样的生理结构在丛林中，即使连天雾雨弥漫，寒冷的露水只会在芒上结成水珠，不会冻坏谷粒，甚至遇上早霜袭击，霜也只会在芒上凝结，谷粒也不会被冻坏。此外，这样的生理结构，还能规避森林鸟害的袭击。这是因为长出长芒后，飞行中的鸟鸟嘴够不到谷粒，而谷粒也不会掉。因而，这些糯稻品种都无须防范鸟害。

第三，除了"高茎朝""矮茎朝"要用镰刀等农具收割外，其余11个品种都只能用摘刀割取稻穗，再捆成稻把，置于禾晾上晾晒，干透后才放进粮仓长期储存。

无论摘禾、运输还是晾晒,谷粒都不会自然脱落,而且,谷壳坚厚,谷壳上都有纵向排列的3～5行倒刺,可以在谷壳表面形成一个气膜,使稻谷免受冻雨甚至降雪的袭击。因而,这样的糯稻,即使遇上连天阴雨,甚至降雪无法及时收割,也不至于减收。这样的生物属性,比较适合于秋冬在连天雾雨的森林气候条件下栽培,可以确保既丰产又丰收。只有"红禾糯"比较特殊,这个品种谷壳薄,谷壳上的倒刺疏短,在收割时不耐阴雨,因而必须及时收割,否则会因为出芽而减收。

第四,这些糯稻品种生长期长短不一,成熟期最短的"六十天糯",从插秧到收割,只需60天,就可吃到新米。生长季较长的糯稻品种,则需要120天才能成熟。这一生物属性的差异,可以确保即使遇上了干旱,也能找到合适的品种补种,扬花时即使遇到连天阴雨,也有品种能躲过不利天气,顺利结实。成熟期不同的糯稻品种并存,可以帮助黄岗人提高抗拒自然灾害的能力。

第五,黄岗人有他们自己通用的地理术语,他们把高于黄岗村所在地的水田称为"高海拔田",低于黄岗村所在地的水田称为"低海拔田",将直接靠井泉灌溉的田称为"冷水田",将水中矿物质含量高的水田称为"锈水田",将靠落雨储水的田称为"望天田",将由溪流灌溉的田称为"坝子田",将位于疏树开阔山顶的稻田称为"岭上田"。在这些琳琅满目的水田名称背后,可以窥视出这些水田所处的自然背景各不相同。

四、黄岗寨传统糯稻品种克服不利生态环境的特异生物特征

黄岗现存的13个糯稻品种各有其所适应种植的田块,使得各不相同的田块都能稳产、高产。该品种除了上述5个共性特征外,还分别具有各自特异的生物属性。例如,"森山糯""万年糯"和"龙图糯"3个品种,特别能忍受短时间直接日照的密林环境,每天只需要两小时左右的直接日照,就能正常生长,顺利结实,而且产量不会下降。这是迄今记录到的水稻品种中极为特异的糯稻品种之一,是能够与丛林兼容的特殊水稻品种。又如,"红禾糯"除了能够忍受深水浸泡外,还能忍受腐殖质降解不充分的极度缺氧稻田环境,这样的稻田在深山丛林环境中普遍存在。这样的特殊稻田,其他的品种都很难正常分蘖,但"红禾糯"却具有很好的抗病免疫力,根部在缺氧环境下不会腐烂,这一特性也是适应深山丛林环境

的禀赋。此外,在深山丛林背景下,特别是江河源头地带,"冷水田"和"锈水田"普遍存在,而"万年糯"特别能忍受这种不利环境。至于"老牛毛糯"和"小牛毛糯"则是适宜低海拔地段种植的品种,这两个品种不能抵御寒露和早霜的袭击,在黄岗种植面积很小,但却适宜在侗族广大坝区推广种植。而"红禾"和"列株"则可以在海拔400~800米次生林背景的稻田中种植。"六十天糯"特别具备抗旱能力,即使稻田脱水也不会减产,其生物属性接近于云南许多少数民族种植的陆稻,可以在水源没有保障的"望天田"中广泛种植。

"列株"是黄岗人近年来才选育成功的新品种,因而周边侗族村寨都将这种糯稻称为"黄岗糯",其亲本是"老列株"。"老列株"也是适应于密林生长的糯稻品种,稻芒较长。20世纪50年代以来,黄岗地区的原始森林遭到了几次毁灭性的破坏,致使黄岗现有的林地70%属于次生林。次生林环境下的稻田,直接日照时间较长,气温、水温都有所提高,成熟期的阴雨天较少,致使早年专门针对密林环境选育出来的品种变得不再适应了,黄岗人才通过自然杂交的方式从"老列株"中选育出"列株"这个新品种来。这个新品种特别适应于次生中幼林背景下的稻田中种植,是国家实施退耕还林政策背景下,退耕后1~5年内最具推广价值的特异品种,可以为支持国家的退耕还林政策发挥巨大作用。

上述13个品种的并存延续利用,使黄岗人可以在极端不利的自然背景下稳定地实现水稻种植,这些糯稻品种既是黄岗人的骄傲,又是森林与稻田能够和谐共存的典型个案。遗憾的是今天的黄岗糯稻种植传统生计,不可能是一成不变的,人们在保留有传统糯稻种植的同时,不同程度地引进了杂交稻。在本不适合引种杂交稻的黄岗地区,引种杂交稻后,不仅影响了当地人原有的农事操作规律,经过20多年的推广发现,这还是当地森林遭到破坏的重要原因之一。

五、黄岗寨推广杂交稻引发的森林生态蜕变的原因分析

在黄岗种植传统糯稻并不会感到直接日照不足,但推广种植杂交稻和籼稻就大不一样。这些适应坝区生长的水稻品种,根本无法适应黄岗短日照、气温偏低的山地丛林环境,要确保杂交稻和普通籼稻顺利地成长,很自然的也是最简单的办法,就是要把田块周边的树木砍掉,以便增加直接日照和提高水温。在此次

调查中,笔者和同伴们启用了森林蕨类植物的标识调查法,及时发现了田块周围3～5年的林木变动实情。

调查结果表明,近5年内种植过杂交稻的稻田周围,都有成熟树木在近期内被砍伐的证据:田边生长的蕨类植物显示了日照的加强,因而叶片卷曲,还有巨大树木被砍伐的树桩。这样的情况,笔者等所到之处都能发现。

种杂交稻后,黄岗不少居民不得不滥砍田边的树木,这恰好与我国当前的生态建设政策相冲突。但其间的责任不在黄岗居民身上,而是相关政府部门出于文化偏见,不愿意承认黄岗居民种植传统糯稻这一文化事实。然而,黄岗居民传承的糯稻品种与森林生态本身具有了很高的兼容能力,种植传统糯稻对森林生态系统不构成损害,而改种杂交稻必然威胁森林的安全,其中的原因有以下4个方面。

第一,黄岗林区转暖较晚而转冷快,早霜和霜冻的风险并不足以威胁糯稻的高产和稳产,但却明显地威胁着杂交稻的稳产和高产。居民普遍反映,种杂交稻容易烂秧,稻种浪费大,产出的稻谷扁谷率高,产出量还不如糯稻。只有砍掉了周边的树林,杂交稻的产量才能稳定。

第二,种杂交稻必须实行浅水种植,而黄岗地区常年都会发生轻度伏旱,由于黄岗的传统糯稻天生具有不怕水淹的优良属性,暴雨季节即使水淹达到半米深也不会淹死稻秧。因而,利用暴雨在田中储满水,即使遇到伏旱也万无一失,伏旱并不会构成粮食生产的风险。但伏旱对杂交稻的威胁却具有致命性,种杂交稻的水田储水一般不容许超过10厘米,也就是说春夏之交的暴雨季节,必须把多余的水排掉,遇到伏旱又可能出现稻田脱水。为了确保杂交稻的稳产,就必须毁掉大片森林,兴建保水工程,这同样意味着随着杂交稻面积的扩大,森林必然遭受新的破坏。

第三,黄岗土壤特别是"泡冬田",透气性能较差,腐殖质降解速度慢,这对传统糯稻没有构成风险。但对杂交稻而言,确实威胁杂交稻的正常生长。因此,为了提高土温和水温就必须提高日照指数,这同样意味着除了砍伐稻田周围的树木外,别无良方。

第四,杂交稻的生长季比传统糯稻要短,而黄岗地区水热匹配却不同步,并泉灌溉的稻田在初夏时水温早就超过了15℃,但气温却随时可以降到10℃以下,这就使得杂交稻的育秧得推迟到谷雨以后,而黄岗的早霜和寒露却要比坝区提前,这种情况对传统糯稻丝毫无伤,有的糯稻品种甚至漫天大雪后都还可以摘获,而杂交稻万万做不到这一点。

因此,在黄岗,杂交稻的最佳种植范围必然要密集分布到黄岗的低海拔地带,而黄岗的低海拔地带恰好位于四面环山的深谷中。为了使这些稻田在春夏时温度早日回升,不仅需要砍掉稻田周边的树木,还需要砍掉山坡上的植物。然而,这一带的山坡树林恰好是黄岗地区亚热带残留原生植被最密集分布的地带,同时又是控制水土流失的关键地带,大面积推广杂交稻引发的森林损伤,势必要直接冲击黄岗自然与生态系统的脆弱环节。

六、结　论

通过上述个案的分析,笔者等认为,在黄岗推广杂交稻引发的森林生态破坏的原因,还不能简单地归结为"一刀切"式的农业政策推广,而其中所隐含的文化偏见是主要原因,政策执行者事实上并没有真正了解侗族文化的特点,没有注意到黄岗侗族居民培育的糯稻品种可以与森林相互兼容,即使不砍树,粮食也不会减产。

相反地,砍树以后对黄岗糯稻的增产效益并不明显。之所以砍树,其实是套用平原稻作区的习惯性看法。这些地区稻田处在宽阔的坝区,地势平坦、水热同步,因此,树木遮蔽阳光肯定会导致粮食减产。为了粮食增产,砍掉一部分树木也是情理中的事情,问题在于黄岗地区并不是这样,这里的森林一直发挥着规避生态脆弱环节、涵养水源等关键性生态作用。砍伐树木不仅粮食增产不明显,而且还会诱发水土流失等自然灾害,原有农田的供水也会成大问题,特别是一到伏旱时粮食就会减产。

总之,由于贵州各民族生活的自然生态背景情况差异很大,各地民族文化又存在差异,无论执行什么样的农业政策,不经过周密的调查研究,都不免会造成生态悲剧。

侗族梯田构建智慧与生态安全*

崔海洋　张琳杰

摘　要:侗族梯田是侗族居民充分利用当地特殊自然地理条件开垦出来的生态农业奇观。在梯田的构建过程中,侗族居民积累了丰富的自然性适应成果和成套的本土生态知识。本文将侗族地区的梯田分为四类,分类描述其构建方法和特点,在此基础上介绍侗族梯田的制度保障及农耕习俗,探讨侗族梯田在区域生物多样性和水资源维护上的作用,认为在现代化进程的背景下,侗族梯田所蕴含的构建智慧和生态安全价值愈加凸显,对今天的生态建设具有重要的借鉴意义。

关键词:侗族梯田　传统稻作　生态安全

一、引　言

梯田是丘陵山区和干旱地区的基本农田之一,是为了种植庄稼而切入山坡的平地,在坡地上分段沿等高线而建造的阶梯式农田。梯田农耕文明是人类几千年来智慧的结晶,作为人类劳动及文明的产物,它有着丰厚的文化内涵,而作为某一民族的独特创造物,凝结着这一民族对生存和发展的追求和由此衍生出来的根本的物质文化和精神文化需求。在中国西南方,由于地形上多丘陵而少适于种植水稻的平原地形,当地农民用一道道的堤坝涵养水源,构筑了梯田,使在丘陵地带大面积种植水稻成为可能。作为一种特殊的人工湿地生态系统,梯田水稻生态系统通风透光条件较好,有利于作物生长和营养物质的积累,又能防治灌溉用水造成快速地面径流,是治理坡耕地水土流失的有效措施,对蓄水、保土、增产都有十分显著的作用。它还具有许多优于平原稻田生态系统的服务价值,如维持水稻品种的多样性、涵养水源、保持水土、旅游观赏、人文价值等。但

---

* 本文发表于《贵州大学学报(社会科学版)》2013年第4期。

是,梯田的开垦和构建过程漫长且艰难,一旦遭到破坏就难以恢复,闲置的山坡容易造成土壤流失、山体滑坡等生态灾变。❶梯田的闲置对区域的粮食安全、生态环境安全等具有很大威胁。

任何田制的产生,都是因地制宜的结果。侗族梯田的产生与中国西南独特的自然生态、地理环境及独特的人文背景息息相关。从空间分布看,侗族地区主要位于中国的西南部,分布于黔、湘、桂三省区的毗邻地区,分布区域地势西北高、东南低。❷从侗族分布区出发,向东可以进入长江中下游平原,向南可以进入珠江平原,整个分布区都位于低山丘陵,具有明显的过渡性,因而就生态系统而言也具有过渡性。也就是说,如果对侗族分布区的生态系统维护不当,甚至造成生态灾变,江河下游地带也要牵连受害;如果侗族分布区的生态系统得到了良好的维护,那么对江河下游而言,就是一道难得的生态屏障。❸为了探究侗族梯田的构建与生态安全的关联性,笔者将借助民族学、生态人类学的相关理论和方法,结合田野调查资料,讨论侗族的梯田构建与生态环境的兼容,即揭示其稻作梯田是怎样规避脆弱环节、化解风险、弥补资源短缺等内容,进而指出其在生态安全维护中的价值,为我国当前的生态建设、经济建设服务。

二、侗族梯田的类型和特点

1. 侗族梯田的类型

侗族先民是古百越民族中的一支,早年生息于江河中下游的宽谷河网地带,后溯河而上进入半山区地带定居。为了维护侗族传统文化的稳态延续,侗族先民通过人工手段改变河道、挖掘鱼塘,用筑坝的方式建构浅水沼泽和梯田。按照梯田建构的技术与技能属性,可以将侗族地区的梯田大致分为四类。

第一类梯田是井泉供水梯田。这一类型的梯田建构,绝大部分都发端于井泉出口,故名井泉供水梯田。其基本做法是沿着溪流的垂直方向按等高线构筑稻田,用田埂截断溪流,再沿着水平面向左右山体延伸,拉平地表,从而形成水平

---

❶ 李凤博,徐春春,等.基于生态系统服务价值的梯田水稻生态补偿机制研究[J].中国稻米,2011(4).

❷ 韩荣培.百越民族"饭稻羹鱼"在贵州都柳江流域的传承与发展[J].贵州民族研究,2012(1).

❸ 罗康智.侗族传统文化蕴含的生态智慧[J].西南民族大学学报(人文社会科学版),2012(1).

梯田。此后,再逐级下移建构第二块稻田,依此类推,直到溪流的终端。泉眼的出水口处都修筑了储水塘和过水沟,目的是成水平梯田。

第二类梯田是河流改道的滩涂梯田,在建构坝区的侗族村寨更为常见。其基本做法是将河流实施人为改道,在原有河滩地上构筑梯田。生活在这一区域的侗族能利用的河滩不仅面积小,而且建成后的梯田遭受洪水的风险很大,因此需要对人工河道的安排进行创新处理。其基本做法是,所挖的人工河道都是沿着山路的西侧开挖,使改道后的河流直冲基岩,加上人工河道开得比较深,从而错过了洪水季节农田的安全。从今天的科学原理看,其实是巧妙地利用了地球自转产生的离心力,使暴涨的河水直冲岩基而不威胁农田,从而有效地规避了流水对梯田的危害。

第三类梯田是高埂围固洼地的回填梯田,是侗族地区最特异的稻田建构方式。其基本做法是在山体的陡坡面上,沿等高线构筑很高的石砌高埂。陡坡区段的田埂高度恰好位于坡面地平分位置,然后人工挖掘坡面,对高田埂形成洼地然后回填,形成水平梯田。

第四类梯田是泥石次生堆积带的缓坡梯田,集中分布在河流出水口的低海拔区段。在这样的区段有早年泥石流和山崩及水土流失沉积下来的次生堆积。这样的堆积经历千百年沉降后已经相当稳定,构筑梯田时只需要将岩石翻挖出来,沿水平线修砌田埂,靠流水的沉降和人工的翻犁就能形成连片的稻田。由于这一类型梯田建构的基础是多年堆积沉降和次生堆积,建成梯田后其稳定性极好,而且稻田都高于河床,可以完全免受洪水的威胁。

2. 侗族梯田的特点

侗族梯田的构建贯彻了仿生结构的原则。上述四类梯田的建构,由于受到地质、地貌和生态背景的限制,因而这四类梯田在侗族地区的分布并不均匀,但侗民都能针对特定的背景选用不同的修筑办法去开辟稻田,并以此规避流水和重力的侵蚀,确保梯田人为系统的安全。因此,不同类型的梯田又具有自身的特点。

第一类梯田的特点是,梯田往往顺着已有的溪谷逐层营建,稻田所利用的土地资源在原生状况下属于季节性的湿地。因此,农田所占有的土地在原生状况下,其植被大多是湿生或半湿生的灌丛,农田开辟对成熟林的压缩极为有限。农田开辟后的生态属性并没有改变,仍然属于湿地生物群落,因而对原有生态系统所实施的人为改性极为有限,改性引发的变动主要表现为湿生生物群落的扩大。第二类梯田的特点在于,这类梯田的建构往往是对原生丛林中的永久性湿地加以改造,一般是顺着山麓重开河道,绕开整个湿地,然后在湿地的出水口修筑高坝以便截留水土,最后实施土方回填,将湿地按高低差距划分成面积不等的田块。这样营建梯田,对原有生物群落的改变程度最低,因为稻田也属于湿地生态系统。因而这类梯田建成后,对生态脆弱环节的触动最小,农田的稳定性能很高。第三类梯田的特点是,将原生生态系统中地势陡峭的坡面先修筑高田坎然后实施土方回填而建构稻田。这样建构的稻田同一田块内土壤结构很不相同,耕种的难度较大,插秧时得根据糯稻品种习性实施分块混种,而且这样的稻田稳定系数较差,人工强行修建的田埂和回填的土方很容易被流水冲毁,通常情况下都要反复修几次后稻田才能稳定下来。第四类梯田的特点是利用早年泥石流形成的次生堆积去建构稻田,这样建构的稻田不仅省工省事,建成的稻田土壤肥沃,而且稻田十分稳定,只要上游森林完好,水土流失不会失控,这些稻田都十分安全。

三、侗族梯田的构建模式

1. 侗族梯田的构建技术

侗族所处的自然生态背景气候温湿、地表起伏大,生物群落的构成极其丰富多样,使任何一种生物产品都不能形成大规模的批量产出。为了适应这一生态环境特点,侗族居民逐步养成了均衡取用不同生物物种产品的生态适应办法。侗族对梯田的建构也尽量采用仿生结构。其一,在稻田的上方和下方,利用人力建构宽窄不等的"浅草带"。建构这样的"浅草带"可以发挥多重功用,一是增加稻田的日照,二是可以为大牲畜提供饲料和牧场,三是可以提高稻田土温确保水稻的稳产高产。然而最关键的功用在于,利用这些连片生长的浅草降低顺山坡下泄流水的速度,拦截流水携带的泥沙,使之就地沉淀,以免泥沙掩埋稻田。其二,在每片集中分布的稻田间,靠人工建构和维护的防护林带,将掩映在丛林中的稻田按等高线分割为零碎的小片,形成稻田、丛林交错分布的格局。上方的稻田一旦被水冲毁倾泻而下的泥石流按照加速运动的规律,必然冲毁下方的稻田,造成连锁式的灾变。修筑了这些防护林带后,虽然不能完全避免田坎被冲毁,但却可以避免连锁式的灾变。这应当是一种补救生态脆弱环节缺陷的防范手段。其三,对危险的河道实施人为改道,丛林稻田修建后,必然会暴露出一些危险的河段来,如河水汇流的山口、连片稻田的出水口等,这就需要对原有河道重新开挖,将河水的流向引导直冲基岩,利用基岩减缓水势,然后在下方的河床上预留分水阀。这些分水阀成三角形,尖角正对河水流向,由土石方堆积而成。平时长满了野草和灌丛,以便使植物的根系将土石牢牢地捆绑起来。洪水季节,大水可以漫过这些分水阀,使流水的速度降低,并使洪水携带的泥沙在分水阀的后方沉淀下来,类似的技术有效地控制了水土流失。

2. 侗族梯田构建的制度保障

侗族文化中的合款制度和家族村舍房租结构,以及由此而派生的寨老议事会是整个制度性保证的源泉。上文提到的各种技术和技能细节,已经不是特殊的个人行为,而是整个社会成员共享的本土生态知识的有机组成部分。而这种技术和技能在侗族地区又通过各式各样的仪式和节庆活动加以宣传推广,对青年人的技术技能培训,则是在房族和家庭内去加以贯彻落实。这些活动都以相应的款规、款约为依据,因而能确保每一项技术和技能都能被每一个成年人娴熟掌握。至于利用这些技术和技能去应对生态系统的挑战,其间的人际协调工作,则直接取决于当地已有的款规和款约。因为每一片稻田的新辟,对损毁稻田的维修,直到对每一块稻田的"浅草带"的维护都是在特定房族内执行。一切活动都在本房族成员的监控下付诸实践,而且都得争得本房族寨老的认可,而各房族的寨老又必须遵守已有的款规和款约,全寨的寨老议事会每年都要执掌监察职责。表面上这是个人在发挥技术和技能,但行为的背后,人与人之间、房族与房族之间始终保持协调一致。

文化内部的制度性保证,是更重要的自然性适应核心。无论是对生态脆弱环节的规避,还是对已暴露脆弱环节的补救,都是技术和技能层面上的措施,这些措施显然是侗族居民常年从事生产和实践经验积累的结晶。然而,不管是原生生态系统还是梯田建构,都是一个有序自组织整体,个人拥有的技术和技能,即便达到了很高的水平,如果没有整个社会的有效组织和人与人之间的协调一致,个人技术技能的高效发挥,同样无法与大自然抗衡,更无法可持续生效❶。在社区制度的规约下展开有序、有节的均衡利用,仰仗生物制衡规律的自组织功能,有利于消减重力与流水侵蚀。应当注意到,这是一项有制度性保障的自然性适应措施。当地侗族合款制定的习惯法明确规定,稻田上方五排的距离,稻田下方三排的距离,稻田的主人有权自主处置任其自由建构控制水土流失的"浅草带",不必种植乔木。建构"浅草带"是将修筑稻田暴露出来的生态脆弱环节,加以人为补救,避免这些生态脆弱环节扩大,而在这一点上"浅草带"的制度性设置,确实发挥了明显的功效。正是在这样的款规支持下,农田建构所暴露出来的生态脆弱环节才得到成功补救,侗族地区梯田的特有景观才得以稳定延续至今。

3. 侗族梯田构建的农耕习俗

农耕习俗是侗族梯田独特的文化系统的重要组成部分,在传统的侗族社会,几乎每个人都从幼年时期就得接受家庭和鼓楼家族的农耕思想熏陶。侗族农耕习俗,浸润着神灵观念,都与神灵有关。这种对神灵的依附观念,自有农耕以来便没有发生过动摇。远古时期,人们知识贫乏,不了解自然现象的奥秘,又由于生产力低下,没有能掌握自然界发生的一切,认为冥冥的宇宙有一种超自然的力量支配一切,具有人类不可能抗拒的力量。天地的变化、自然灾害的降临都依赖神灵的庇护,这样的认识逐渐形成了神灵观念。这种侗族梯田的人文景观蕴含着人与自然和谐相处的智慧与理念,包含着敬畏自然、顺应自然的哲学思想,是农耕文明与少数民族传统文化完美融合,这也是人类智慧与农业景观的融合。

农事活动严格按照传统规章执行,侗族人背诵农事节令表,并按表中的时间顺序安排农事。不同季节农事活动的转换一律由家族村社的最高议事会一手操办,届时都要举行隆重的仪式,宣布某项农事活动的开始。耙田、备耕、撒种、"开秧门"插秧、吃新,直到正式摘禾,无一不有相应的宗教仪式与之配套。以"开秧门"为例,寨老和"活路头"都得按节令和占卜测定的结果办事,因而在当地还有一种专职人员,这就是占卜师,现任的占卜师是"引进人才"的后裔,世代执掌这

---

❶ 罗康隆. 传统生计的制度保障研究——以侗族稻作梯田建构为例[J]. 云南社会科学,2012(2).

一职务。稻作农业的周期性特点及其对节令、历法的要求,使侗族产生了对应于农事生产各阶段、各环节的神灵祭祀习俗,以此来祈求丰收、报告收成和表达感激之情,而年节、春祈、秋报因为在农业生产中有着特殊意义,而被赋予更多的社会生活内涵,演化成农事节日。围绕着农业活动和生产习俗,侗族形成了富有地方特色的农耕祭祀与节日民俗。❶这些人文活动有效地沟通了人与自然、人与人的关系,各种关系无不深深烙上了梯田农耕文化的印记,梯田稻作文化也成了侗族传统文化的根本所在。

四、侗族梯田的生态安全价值

1. 侗族梯田对生物多样性的维护

西方学者曾经提出,人类对成熟的生态系统应当加以适度干预,才能提高其生物多样性水平。其实,侗族社区在几百年以前就已经在实行这样的控制手段。侗族先民通过人工手段改变河道、挖掘鱼塘,用筑坝的方式建构浅水沼泽等,在半山区的狭窄河谷盆地中再造了准河网坝区的次生生态环境。稻田本该主要用于水稻种植,但受他们观念的影响,单一种植水稻产出并不高,因而他们虽种植水稻,却不完全依赖水稻的产出为生。他们在稻田中开辟深沟甚至挖深塘放养家鱼,让鱼、鸭同水稻一同产出。侗族的稻—鱼—鸭共生复合农业共生模式是针对其生态环境发育起来的。这一经营范式涉及侗族的村寨布局、农田建设、水利灌溉、谷种选择、田间管理、鱼种和鸭种选择,以及在其他共生物产品和利用等诸多方面,实现了对生态背景和自然资源的高效维护和利用。

侗族建构的高山水域环境同样体现了对生物多样性的维护。一方面,提高了山区生态系统多样化的水平,使本来仅分布于江河中下游的生物群落可以移到高海拔地带,使山区有限的沼泽生态系统能够与高山森林生态系统毗邻存在;另一方面,这样建构的人工沼泽生态系统也让许多的喜好湿地环境的物种能够向高海拔地区转移,从而有效地增加了山区生物物种的多样化水平,使有限的空间范围内可以密集分布众多的生物物种。更重要的还在于,侗族先民离开原先的宽谷河网坝区后,先后由汉族居民经营,全部开辟成了固定农田,野生动植物

---

❶ 蒋星梅. 侗族的农耕祭祀与节日民俗[J]. 安徽农业科学,2010(13).

在沼泽地带的栖息地随之消失。这些物种由于转移到了侗族的人工泽生环境，才得以延续其物种。其中，候鸟的越冬场所最为关键，很多的涉禽目、浮禽目的候鸟若不是在侗族建构的山区湿地生态系统中，很难延续其后代，并稳定其种群规模，候鸟在这种作链珠状分布的侗寨周围越冬繁殖，可以说这些侗族村寨是无须任何投资的候鸟自然保护区。❶

2. 侗族梯田对水资源的维护

侗族梯田将水资源的储养、高效利用与水质维护三大目标融为一体，并在文化的调控下做到森林与农田的兼容，农田中动、植物种与养的兼容，畜牧与农耕的兼容，从而能动地扩大水资源的再生、储养和水质净化。以至于这片土地虽然身处分水岭区段，却能做到水资源的供给极为丰裕，并能与周边各民族共同分享水资源。通过种、养复合的方式，大幅度提高水资源的利用效益。具体做法可以从三个方面得以体现：一是通过梯田水域的建构，将尽可能多的地表液态水储留在高海拔区位，以便滋养更多的动植物。二是在人工的控制下，使用水的渠道尽可能多样化和复杂化。随着复杂化和多样化水平的提高，通过各种生物间接用水而在总体上体现为用水效益的提高。三是强化水资源在社区内实现半封闭循环，达到一水多用的目的。❷上述三方面，都可以通过种、养复合去实现水资源的高效利用。

五、侗族梯田的传承现状及生态隐患

1. 侗族梯田的传承现状

农耕文化是人类最古老的原生性遗产文化，由于环境、经济、文化等方面的差异，中国各民族的农耕文明进程具有明显的历史阶梯性。有的地区发展程度较高，有的地区发展进程较慢。侗族传统梯田农耕是世代积累中与所处自然生态环境长期磨合的结果，并且与侗族文化紧密地融合在一起，受到历史变迁、文化传播和所处生态系统的复合影响。侗族梯田的传承，不仅与多元并存文化间文化要素的相互传播直接关联，还涉及对外来文化要素的利用、改造和吸收。侗

---

❶ 吴寿昌，黄婧. 贵州黔东南稻作梯田的历史文化及生态价值[J]. 贵州农业科学，2011(5).

❷ 罗康隆，杨庭硕. 传统稻作农业在稳定中国南方淡水资源的价值[J]. 农业考古，2008(1).

族梯田的传承一方面受民族地区生态格局及地理改造的影响,另一方面也受到民族地区现代化进程的冲击。

现代农业技术的大规模推广使侗族传统农耕技术的使用范围正在缩小,传统的农业文化也面临消失的危机。虽然增加了稻田产业,却动摇了侗族传统稻作林粮间作方式,影响和破坏了侗族传统的梯田生态系统。同时,民族地区的城镇化、工业化进程,使侗族地区交通基础设施开发建设项目明显增多,同时不同程度地扰动地貌,破坏植被,导致人文景观剧变,人为地造成了梯田面积的减少,并由此引发了不同程度的生态问题。交通条件的改善为侗族人民带来了便利和发展机遇,但也改变了原来平静的生活方式,因开放带来的文化交流无法避免地对侗族传统生计产生影响。外出务工和走出大山的侗族年轻人越来越多,造成了侗族村寨的空巢化,使侗族传统农耕方式的传承出现了断层,传统稻作模式的传承受阻也是造成生态破坏的重要因素。虽然侗族人与外地交往日趋密切,资源得到了开发,经济不断地发展起来,但是传统生活方式和资源利用方式的改变给侗族地区的生态保护与传承带来了严峻挑战。

2. 侗族农耕方式流变引发的生态隐患

外来技术的引入,是侗族传统农耕方式现代流变的醒目标志之一。任何形式外来技术的引入,都应该以特定的社会背景为依托,技术本身虽说是中性的工具,但由于不同民族之间客观存在着文化差异,致使同一种技术在不同民族社会中使用时,其难度、使用成本、效益都会呈现不容忽视的差异。过去,侗族传统农业非常注重多作物的搭配与布局,创造了间作、混作、套作等多层次的种植,提高农田生物多样性,促使农田生态系统复合化,提高稳定性。此外,利用相生相克原理,把两种或两种以上的生物种群合理组合在一起,利用相生组合使种间互利共生,使用相克达到生物防治的目的。现代农耕技术引进的驱动力总要受到相关民族文化观念形态的支配,由于价值观、伦理观有区别,在引进的过程中,当事各方的目的和意图必定不一致,侗族农耕方式的流变引发的生态隐患也逐渐显现出来。

半个多世纪以来,引进得各式各样的外来农牧技术与农牧经营理念,以及各品种籼稻杂交稻、化肥农药引发的副作用及其生态后果逐渐凸显。化肥、农药、除草剂的推广,虽然增加了稻田产量,却使侗族传统的农业生产方式面临失传风险,引发了大面积的农业面源污染,威胁了农村的生态环境和区域的生态安全。侗族地区梯田由水田改为旱田,使梯田面积的减少。传统稻作农业在蓄洪、保证淡水资源持续供给方面起到了非常大的作用。梯田常年有水,实际上也相当于一座座小型水库,这对调节当地气候非常重要。如果水改旱面积持续扩大,有可能对当地的气候造成严重影响。❶农耕方式的流变引发了大片梯田闲置、抛荒等现象屡见不鲜,导致了侗族地区生态体系失控,严重威胁了区域粮食安全和生态安全。

六、结　语

长期以来,学术界对生态环境的治理,大多依赖工程技术手段,倾向于按同一种文化模式去实施人为生态改造,企图再建"理想化"的人为生态环境。而侗族对生态环境再适应的成功之处正在于遵循了最小改变原则。侗族梯田的自然性适应,向我们揭示生物资源的利用方式本身就具有多重性。人类通过自己的创新能力,掌握着改变资源利用方式的能动权,而不同的利用方法对所处地区脆弱环节的冲击会各不相同,对资源的依赖也会各不相同,可能遭逢的风险概率也会随之而发生变化。以往出现的生态灾变,都是利用方法过分地单一和规模失控的结果。侗族人通过梯田的建构,其生态适应价值被揭示以来,即使是水资源配置极不充分的高山森林中,通过利用方式的改变,也能争取到丰裕的农业用水供给。侗族的自然性适应进而证明,丛林中稻田的建构,不仅能扩大水资源的利用效益,而且能将水资源长期保持在高海拔区位,其保水固土的能力超过丛林本身。

侗族居民通过的世代努力,在完成自然性适应的同时,也促进了社会的安定。靠文化的正常运行去完成生态建设任务应当是最稳妥的办法,单单靠资金和技术的投入去从事生态建设必然有其局限性。这应当是今后从事生态建设需要吸取的教训。生态人类学面对类似情况的一项紧迫研究任务,是对这样的本土知识和技术技能,做出透彻的和具有说服力的说明,以便这样的本土知识尽快

---

❶ 罗康隆,杨庭硕.传统稻作农业在稳定中国南方淡水资源的价值[J].农业考古,2008(1).

得到学术界的承认。因而,侗族梯田的构建,既不必完全仰仗天然林区涵养水源,还可以通过高海拔稻田的建构,更其高效地涵养水源。这应当是一个富有哲理的生态对策。如果能将纯技术手段的依赖程度加以控制,仅实施于应急状况,那么生态建设的成效,将会取得难能可贵的持续效力。

侗族稻田与森林和谐共存模式的启示

——以黄岗侗族规避生态脆弱环节智慧为例*

崔海洋

摘　要：本文立足文化整体观，探讨了贵州省黎平县黄岗侗族居民把森林资源、森林稻田、深水鱼塘和村寨建构纳入整体视野，统筹规划建构起来的稻田与森林和谐共存模式，对当代生态建设有借鉴意义。

关键词：侗族　退耕还林　生计模式　脆弱环节

一、引　言

水土流失是当今社会与经济发展的重大障碍。对此，为了解决生态蜕变、水土流失的难题，我国在1978年开始实施"三北"防护林体系建设，在西部一些地方探索退耕还林还草工作❶的基础上，1999年开始在各个地区，特别是超过25°的坡段，实行退耕还林政策，停止对这一地区生态资源的过度使用。这一政策虽然收到了一定的成效，但退耕还林带来的耕地减少，引发的人与林争地的矛盾却一直无法彻底解决。从传统文化的角度考虑其原因，这种"一刀切"的政策缺乏文化的整体观，没有全面考虑各民族的文化差异和生态背景的差异。笔者通过对贵州省黎平县黄岗村侗族传统生计的研究发现，当地侗族居民巧妙地把森林、森林稻田、深水鱼塘和村寨建构统筹规划加以利用，彻底规避了重力侵蚀和水力侵蚀的危害。其不仅维护了当地森林生态环境，还高效地利用了生态资源，这一生计模式为我国解决退耕还林政策实施后引发的发展与保护之间的矛盾提供了可资借鉴的成功范例。

---

* 本文发表于《生态经济》2009年第3期。

❶谷振宾，王立群. 我国退耕还林生态影响及其评估研究进展[J]. 生态经济，2007(5).

二、黄岗概况

黄岗村位于贵州省黎平县西南,该行政村的辖地犹如黎平县伸出的一个半岛,东、南、西三面都是从江县的辖地,仅北面与双江乡所辖的平天、规密、四寨、岑和4个行政村相连。黄岗行政村是一个侗、苗杂居的行政村,主体居民是侗族,共计309户,其余50户是苗族,但侗族和苗族分寨而居,苗族聚居在岑秋寨。岑秋位于黄岗自然村的西南,直线距离3.5千米。侗族聚居在黄岗自然村,共分为11个组。黄岗村1组、9组的耕地位于村委会之南,地势较高,平均海拔820米;2组、10组的耕地位于村委会的东南,平均海拔800米。4组和8组的耕地位于村委会的东北,这一地带,森林特别茂密,平均海拔600米,但稻田的海拔分布差异较大。该村海拔最高的稻田就在8组,而该村4组个别农户的稻田却低于500米,这两组的侗族乡民种地经常都得攀登两三百米的高坡。该村3组和11组的耕地位于村委会的西北,这一地区森林也十分繁茂,不少稻田完全掩映在崇山密林之中,每天只有中午11点半到1点半太阳才有可能直射到稻田中。耕地的海拔差距也很大,地势最高的稻田海拔820米,地势最低的稻田海拔才420米,处于岑秋河与平天河的交汇口上。由于高低悬隔,供水渠道不同,因而导致有的田块属于"冷水田"、有的田块属于"锈水田",有的田块属于"向阳田"。该村5组和7组的耕地位于村委会的西面和西南面,这一地区都处在小岭的西坡,面对岑秋河的河谷,600米以上的山区覆盖着茂密的森林,600米以下的地带则是稻田与丛林相间的坡面。这两个组的稻田相对集中,5组的稻田地势较高,平均海拔600米,7组的稻田平均海拔不到500米。岑秋寨的苗族组成该行政村的第6组,该组的耕地不在黄岗村辖境内,而在双江乡岑和村的辖境内。该村在册稻田106.7公顷,账面人均耕地约0.08公顷,但实际测量结果表明,人均耕地可能要高达0.2公顷以上。该村在册林地1866.7公顷,但凭借卫星定位系统实测,林地面积也要高出一倍。可以说,黄岗村是一个地广人稀、耕地分散、林多地少的特殊行政村。

为了与糯稻种植共生,黄岗人也像其他侗族地区的乡民一样,要在稻田中放养鲤鱼。可是黄岗的地理环境却相对艰苦得多,鲤鱼越冬和繁殖的鱼塘都修在村寨内,而稻田远离鱼塘数公里之遥,而且海拔差异很大,鱼苗的放养和回收都得靠肩挑背扛,黄岗人为此必须付出艰辛的劳动。同时,鱼塘难以发挥水利灌溉和稻田水位调节的功能,每小片稻田的灌溉往往都得独立建构一套供排水设施。在稻田灌溉中,黄岗人也要比其他地区的侗族付出更多的艰辛劳动,还得凭借自己的聪明才智巧妙地解决稻田供水的技术难题。毫不夸张地说,黄岗人能在深山丛林中成功地种植糯稻并放养鲤鱼,本身就是一项创举。

不仅如此,经过笔者调查,发现黄岗人对当地森林的利用指数也非常高,每年在森林建构的稻田中收获的粮食颇丰,而且外销的木材也极为可观。但20年间,这里从未发生过严重的泥石流和山崩,这些充分表明黄岗人对这片森林生态系统的再适应取得了成功,彻底规避了当地生态的脆弱环节。所谓脆弱环节并不是一个纯粹的自然科学概念,而是一个带有文化属性的概念,同一种自然与生态系统结构对一种民族会暴露出脆弱性来,对另一些民族则不会暴露出脆弱性,而且即使暴露出脆弱性,也有不同的内涵。❶这一理解对评估黄岗侗族文化的自然性适应能力极为有用,以下将顺着这一思路具体剖析侗族居民为适应黄岗地区的森林生态系统,如何具体地规避当地的脆弱环节,并使森林与稻田和谐共存。

三、黄岗人的智慧

1. 重力侵蚀的规避与补救智慧

与黄岗自然与生态系统相类似的地区在贵州省境内十分普遍,这样的生态系统,最明显的脆弱环节就是陡坡地段水土流失。所谓水土流失,亦称"土壤侵蚀"。按照侵蚀营力的不同,可以分为水力侵蚀、风力侵蚀、融冻侵蚀和重力侵蚀四种类型。其中,水力侵蚀指在暴雨作用下,地表径流所引起的土壤冲刷。其在我国分布最广,危害也最严重。而黄岗地区生态系统的脆弱环节,又恰好集中体现为重力侵蚀和水力侵蚀的隐患普遍存在。规避这两项脆弱环节的关键环节是尽可能地维护地表植被的完整,避免土壤和基岩的暴露,同时对高山溪流实施就地蓄洪和分流。维护地表植被的完整,与糯稻品种的多样化并存直接关联,由于黄岗居民是针对森林环境的需要而选育出"苟羊弄""苟便龙图""苟列株"等20

---

❶ 杨庭硕.生态人类学导论[M].北京:民族出版社,2007.

余种高度适应森林环境的糯稻品种,从而形成了农田与森林生态环境能够高效兼容的格局,由此规避了黄岗地区容易发生的重力侵蚀和水力侵蚀。在黄岗居民可以记忆的年景内,他们都没有向政府申请过救灾补助,洪水偶尔造成的田埂冲毁也仅是局部现象,而且多属于年久失修的田埂,并不是正常经营的稻田。每次发洪水,尽管水位上涨,但河水的颜色仅是略带浑浊。黄岗地区及临近的规密行政村的沿河稻田,从未发生过泥沙掩埋稻田的灾变。这些都充分表明,尽管黄岗的水土流失、重力与水力侵蚀都极为严重,但仍然处于当地居民可控制范围内。

重力侵蚀与水力侵蚀隐患严重在黄岗是一个不争的事实,但在丛林密布的状况下,其脆弱性不会轻易暴露出来。然而如果将大片森林开辟为农田,情况就大不一样了,因为农田建构会冲击这两项脆弱环节,严重的水土流失和山崩会接踵而至。

黄岗人的丛林稻田建构别具一格。观察黄岗地区的农田建构,特别是掩映在林带中的农田建构,几乎无一例外都是发端于泉水口,然后沿着溪流的垂直方向按等高线构筑高田埂,截断溪流,再沿着水平面向左右山体延伸,拉平地表,从而形成水平梯田。此后,逐级下移建构第二块稻田,以此推移,直到溪流的终端。泉眼的出水口处都修有储水塘和过水沟,目的是提高水温,确保糯稻种植的最低水温要求。上下田之间排水口都有分流装置,可以减缓流水的冲力,避免洪水泛滥时冲毁田坎;同时,稻田的上方和下方都预留了浅草带,以此缓解流水的冲力。经过这些措施后,洪水暴发造成的冲击被降低到最低限度,因而他们的农田表面看上去很粗糙,但都能经受强降雨造成的冲刷的考验,加上各片稻田之间都有林带护卫,因而这些稻田十分坚固,即使田中储水超过半米,田埂也不会崩塌。

然而,人类要加以利用就不可能不触动原生丛林,必然对原生丛林加以人为改造。对黄岗来说,这种人为改造集中表现为丛林稻田的建设,随着稻田面积的扩大,自然与生态系统的脆弱环节就不免要暴露出来。于是,对生态环境的再适应就必然随之启动,依靠人的力量对已经暴露出来的脆弱性加以补救。对丛林稻田而言,具体补救办法包括以下四个方面。

其一,稻田建构的技术日趋完善。笔者踏勘了黄岗的绝大部分稻田,将当地的稻田划分为四类：一是顺着已有的溪谷逐层营建稻田，稻田所利用的土地资源在原生状况下属于季节性洪泛区。因此，农田所占有的土地在原生状况下，其植被大多是湿生或半湿生的灌丛，农田开辟对成熟林的破坏极为有限。二是对原生丛林中的永久性湿地加以改造。一般是顺着山路重开河道，绕开整个湿地，然后在湿地的出水口修筑高坝以截留水土，最后实施土方回填，将湿地按高低差距划分成面积不等的田块。这样去营建稻田，对原有生物群落的改变程度最低，因为稻田也属于湿地生态系统。因而这种稻田建成后，对生态脆弱环节的触动最小，农田的稳定性也很高。三是利用早年泥石流形成的次生堆积去建构稻田，这类稻田密集分布于黄岗北部地区的低海拔河流出口处，方法是将泥石流夹杂的石块剔除，沿等高线修筑田埂将土层耙平，形成大片的稻田。这样建构的稻田不仅省工省事，建成的稻田土壤肥沃，而且十分稳定，只要上游森林完好，水土流失不失控，这些稻田就十分安全。四是利用原生植被中地势较为平缓的疏树草坡，先修田埂然后实施土方回填而建构稻田，这样建构的稻田同一田块内土壤结构很不相同，耕种的难度较大，插秧时得根据糯稻品种习性实施分块混种，而且这样的稻田稳定系数较差，人工强行修建的田埂和回填的土方很容易被流水冲毁，通常情况下要反复整修几次后稻田才能稳定下来。上述四类稻田的建构除了第四类外都遵循生态环境利用的最小改变原则，稻田开辟前后的生态结构尽可能保持其连续性，这样做的目的是保证人类利用后对原生生态系统的冲击最小化，以规避已露头的脆弱环节。

其二，在稻田的上方和下方，利用人力建构宽窄不等的浅草带。建构的手段有板有眼，三种攀刀砍伐、有控制的火焚烧、放牧大牲畜啃食，这种操作每年都要重复好几次，以使这样的浅草带长不出乔木来。应当注意到，这是一项有制度性保障的自然性适应措施。当地侗族的习惯法明确规定，稻田上方5排（每排大约160厘米）的距离和稻田下方3排的距离，稻田的主人有权自主处置，不必种植乔木。建构这样的浅草带可以发挥多重功用，如增加稻田的阳光、控制害兽进入稻田、给大牲畜提供饲料、提高稻田土温等。但最关键的功用在于，利用这些连片生长的小草，去降低顺山坡下泄流水的速度，拦截流水携带的泥沙使之就地沉淀，以免泥沙掩埋稻田。总之，是将修筑稻田暴露出来的脆弱环节加以人为修复,以避免这些脆弱环节扩大。

其三,在每片集中分布的稻田间,靠人工建构和维护防护林带,将掩映在丛林中的稻田按等高线分割为零碎的很多小片,形成田、林交错分布的格局。建构这些防护林带的树种,大多数是从就地已有树种中筛选出来的耐湿树种。其中最常用的一种树,从侗名意译出来就叫作"水树"。此外,还常用杨梅、野生猕猴桃、泡桐去营建防护林带。这些防护林带是为防范风险而设置,平时很难认识到它的重要性,但若考虑到这些稻田所处的位置——大多属于35°以上的陡坡,个别地段甚至达到了75°,其重要性就凸显出来。上方的稻田一旦被水冲毁,倾泻而下的泥石流按照加速运动的规律,必然冲毁下方的稻田,造成连锁式的灾变。修筑这些防护林带后,虽然不能完全避免田埂被冲毁,但可以避免连锁式的灾变。这应当是一种补救生态脆弱环节缺陷的防范手段。

其四,对危险的河道实施人为改道。丛林稻田修建后,必然会暴露出一些危险河段,比如河水汇流的山口、连片稻田的出水口等,这就需要对原有河道重新开挖,将河水的流向引道去直冲基岩,利用基岩减缓水势,然后在下方的河床上预留分水阀,这些分水阀呈三角形,尖角正对河水流向,由土石堆积而成。分水阀平时长满了野草和灌丛,以植物的根系将土石牢牢地捆绑起来。洪水季节,大水可以漫过这些分水阀,但洪水的速度降低并使洪水携带的泥沙在分水阀后方沉淀下来。这一做法的原理与修建都江堰相同❶,只不过规模很小。类似的技术有效控制了水土流失。在某些坡陡区段,侗族居民干脆引向悬崖形成人工瀑布,以免流水冲刷稻田,这种做法也是对暴露出来的脆弱环节实施人工补救。

2. 水力侵蚀的规避智慧

对黄岗来讲,流水冲力最集中的关键地段首推黄岗寨所在地。村寨的北端两山对峙,其间只留下不超过25米的狭窄通道,黄岗寨早年的南寨门就位于此处,当前的穿寨公路也要从这一咽喉地带穿过。可是在这个山口以南却是一大片开阔的缓坡地段,缓坡山路的海拔高度为805米,缓坡的最高点超过1000米,整个缓坡位于公路的东面,公路的西侧还有一片较为陡峭的山坡,这两片山坡的积水都得穿流过上述山口才能进入主河道。然而,山口以北的黄岗寨所在地却

❶ 李可可,黎沛虹. 都江堰——我国传统治水文化的璀璨明珠[J]. 中国水利,2004(8).

是一个面积不大的小坝子,这样的地理结构遭受洪水的风险极大。如果山口以南的两大片山体没有足够的水源涵养能力,一次50毫米左右的强降雨,可能将整个黄岗寨淹至1.5～2米深。调研组测绘了这一地段发现,即使山口以南的两片山坡全部布满丛林,能够发挥的水源涵养作用,也无法确保黄岗寨在50毫米的强降雨下不受淹。但翻阅黄岗案以前的记载却没有大面积受淹记载,经过访谈后终于找到了部分答案,这就是20世纪80年代以前整个黄岗的住房都位于高岗上,也就是今天的老寨鼓楼附近,其位置比今天的黄岗河河面高出3～5米,这显然是为了防范水淹而做出的精心规划设计。

黄岗村以南的这块坡地,公路以西的山坡由于山势过于陡峭,无法开辟成为稻田,山坡坡面上分布着连片的次生林,树龄一般不超过20年,应当是土地联产承包制后重新发育出来的幼林。踏勘幼林尚未郁蔽的区段,从土色和土样特点可以推测,幼林恢复前应该是用作旱地耕作和牧场。较为平缓的地段早已开辟成固定稻田。从稻田土壤可以推知,连续用作稻田的时间应当超过半个多世纪。公路以东的缓坡全部开辟成梯田,从稻田土色判断,连续耕种的时间远远超过一个世纪。目前,公路两边的稻田分属该村1组、9组、11组,最奇特之处在于,在1组、9组稻田的中央至今还保留着一个面积超过2公顷的深水鱼塘。这口鱼塘至今未承包给个人,而是两组居民共同拥有。所产的鱼,到年底两组成员集体分享,这应当是一个延续多年的老传统。估计应当是这片稻田开辟时,或者说1组、9组这一房族"合款"留下的传统。

根据上述情况并结合当地还残存的较大面积的连片疏树草地,笔者认定这片稻田的开辟,是早年适应上述特定地理环境,有意识规避当地生态脆弱环节确保黄岗寨免受水淹的成功举措。这片稻田分别种着"六十天糯""金洞糯""苟列株"和"红禾糯"4个糯稻品种。海拔位置最高的"望天田"每年都相继种植"六十天糯"和"金洞糯",可以泡冬的稻田轮换种植"红禾糯"和"苟列株"。插秧前夕,这些稻田的储水深度平均在15厘米,每个田块的田埂修建,预留23～30厘米的可机动储水深度。一天内50毫米的强降水,经过这些稻田的层层分储后,就不会威胁到黄岗寨的安全。

由于这里土层较薄,在自然状况下只能发育成疏树草坡,而疏树草坡的水源涵养能力又很低,即使腐殖质深厚,储水深度都不会超过20厘米。在当地春夏之交,每年都有3～4次日降水量超过50毫米的大暴雨。如果不开辟这片稻田,那么从两山对峙的峡谷口冲出的大水,有可能会淹没黄岗寨150厘米以上。由此我们可以推测,黄岗未建寨前,该地应该是一片固定水域或浅水沼泽。

四、余论:黄岗的忧虑

黄岗规避生态系统脆弱环节的成功实例,对今天具有多重启迪价值。一方面,提高江河上游的水源涵养能力,恢复多层次的森林生态系统固然是一个好办法,而且在大多数情况下都能推广,但不是唯一的办法。黄岗人将疏树草坡建构成深水梯田,事实上比简单恢复森林生态系统的成效还要好。另一方面,规避此类生态脆弱环节的对策,需要成套配置。不仅稻田鱼塘排水期要合理配置,深水稻田需要的耐水淹谷种也需要配套,耕作制度、田埂及减缓水流的浅草带也需要配置。为了加固田埂,在坡度较陡的地段还得抚育乔木林带,才能最终做到全方位规避生态脆弱环节。当然,上述各项措施都不可能一劳永逸,因为这样建构起来的鱼塘、田埂、浅草带、排水渠、乔木防护林带都需要不断维修。因此,如果失去了社会制度的支持,整个规避脆弱环节的全盘措施都将因此失效,而当前这样的风险正在逼近。如果把这片稻田改种杂交稻,其结果只能是,要么大面积水稻被淹死而绝收,要么黄岗寨就得遭逢洪水的洗劫。对这样的自然性适应成果,黄岗居民并不是停留在口头上,而是落实到行动上。他们坚持认为,这片稻田不能种杂交稻,不能放弃"泡冬田"改种越冬作物。因为他们都知道,一旦种越冬作物,黄岗寨现有的鱼塘就可能因缺水而干涸。如果春天小季收割前遇上特大暴雨,黄岗寨同样要被水淹掉。可以说,黄岗寨水患的化解和水资源供给的稳定都依靠这片深水梯田和这批耐水淹的糯稻品种。正是这一整套措施运用才能规避自然与生态系统的脆弱环节。值得一提的是,像这样的高海拔坡面根本不应当实施退耕还林。原因在于,由于土层太薄即使退耕后也无法迅速还林。勉强种上树木后,树木的生长速度极为缓慢,长时间内无法发挥涵养水源的功效。相比之下,维持这种深水稻田,种植传统糯稻,反倒是高效利用与精心维护的典范结合。如果相关部门在没有充分考虑到当地民族文化差异和生态背景特点的情况下,在这片地区搞退耕还林,其后果将不堪设想。笔者忧虑的不是一些乔木被砍伐或一些稻田退耕,而是黄岗寨村民世代积累起来的制度保证体系正受到外来文化的冲击而悄悄瓦解,整套规避自然与生态脆弱环节的自然性适应机制正在慢慢失效。这才是当前类似地区生态建设的最大隐患。相关部门在民族地区推行退耕还林政策时,应当充分考虑当地的民族文化和地方性生态智慧与知识。

浅谈侗族传统稻—鱼—鸭共生模式的抗风险功效*

崔海洋

摘　要:稻田经营中的稻—鱼—鸭共生模式,是我国南方侗族传统生计中的有机组成部分。然而,广大侗族地区在承受了经济全球化的猛烈冲击后,这种"循环农业模式"正在快速消失。由于地理位置偏僻,在今天的黄岗侗寨,稻—鱼—鸭共生模式还在稳定地延续着。调查发现,这一独特的生计方式具有抗击自然风险的独特功效。

关键词:稻—鱼—鸭共生　循环农业　抗风险

一、引　言

20世纪,科学的进步极大地促进了我国农业的发展,但科学进步在使农业丰收、农民增收的同时也给现代人带来了许多麻烦,如大量的无机肥撒向农田,各种农药、杀虫剂的使用,结果使农产品产量提高的同时,农产品的质量却逐渐下降。我国的农业经营模式离自然生态越远,环境污染、水土流失、生态失衡等一系列的生态问题就越靠近我们。庆幸的是,作为"现代农业"的替代,"循环农业"开始逐渐受到人们的关注。所谓"循环农业",是提高农业系统物质能量的多级循环利用,并严格控制外部有害物质的投入和农业废弃物的产生,最大限度地减轻环境污染,把农业生产活动真正纳入农业生态系统循环中,实现生态环境的良性循环与农业的可持续发展。"循环农业"本质上是一种低投入、高循环、高效率的新型传统农业发展模式。我国贵州省黄岗侗族地区至今保存完整的传统农田稻—鱼—鸭共生经营模式其实就是一例典型的"循环农业"实例。因此,深入探讨黄岗侗族稻—鱼—鸭共生模式抗击自然风险的独特功效并剖析资源循环利用过程,对在西南少数民族地区推广"循环农业"有重要的意义。

---

* 本文发表于《安徽农业科学》2008年第36期。

二、稻—鱼—鸭共生模式的应用概况

贵州省黎平县双江乡黄岗村是一个边远的侗族山寨,但该村东、南、西3个方向都与从江县毗邻,只有该村的北面与双江乡相连。无论从黎平县城还是从从江县城抵达该村都要大费周折,正因为地处偏僻,交通不便,侗族的传统文化在这里得到了相对完好的保存。该村的黄岗寨有侗族居民 325 户,1600 多人,黄岗的现有耕地中大部分是稻田,当地侗族在这些稻田中一直执行着传统的稻—鱼—鸭共生模式。稻田经营中的稻—鱼—鸭共生模式,是整个侗族传统生计中的有机组成部分,而不是黄岗侗族居民再适应的独创。广大侗族地区在承受了经济全球化的冲击后,"循环经济模式"正快速地消失。但在今天的黄岗村,稻—鱼—鸭共生系统还在稳定地延续着。所谓稻—鱼—鸭共生系统,是指在稻田中放养鱼苗的同时又放牧家鸭,让稻、鱼、鸭同步生长并相互依存、相互制约,经营者则在其间发挥宏观调控的作用。在黄岗,这种复合产业模式至今仍然得到完好地传承并且有所创新。

在黄岗的稻—鱼—鸭共生田块中,由于加入了鱼和鸭两个环节,物质能量和信息流动的缺环得到了填补,一片稻田立刻成了无数循环圈的复合体。浮游生物是鲤鱼的饵料,鲤鱼吞食这些饵料后排出的粪便又还原为有机肥,鱼的粪便再经过微生物降解,又转化为水稻可以直接利用的肥料,这就构成了一个物质能量的循环圈。同样,鸭子吞食田中的鸭舌草、浮萍、水浮莲等水生草本植物后也要排泄粪便,粪便照样被微生物降解,这又是一个并存的物质能量循环圈。鸭子的粪便也要被虾、河蟹、水蜈蚣吞食,这些体型小的动物的粪便同样会经微生物降解后为水稻提供肥料,这又是一个并存的物质能量循环圈。与此同时,水稻自身也构成一个物质能量循环圈,水稻除了供人食用以外,还要给众多的动物提供食物,这样动物还可以成为其他动物的饵料,同样会建构另一个物质能量循环圈。如果将水田中的所有动植物都算上,这样的物质能量循环圈几乎不胜枚举。由于物质能量的循环圈增多,食物链被人为拉长,因而这一人为干预的生态系统更具有稳定性,这也是黄岗稻—鱼—鸭共生模式独特的地方。当然,稻—鱼—鸭复合经营的产业并非侗族独有,在我国广西的壮族、贵州的苗族和水族中都有类似的传统产业可以比较。但黄岗的稻—鱼—鸭复合经营,在控制水稻病虫害蔓延中却能表现出极大的抗击自然风险的独特功效和对资源的高效利用潜力。

追述人类传统生计演化历程的众多著述中,《生态扩张主义》❶无疑是一本发人深省的好书。书中对如下两个问题的探讨,很适宜借用来探讨侗族的稻—鱼—鸭共生系统。其一,该书对"杂草"这一概念进行梳理和反思,其结论指出,这是农耕民族惯用的含混概念。农耕民族讨厌杂草,想尽办法清除杂草并不是因为杂草本身"坏",而是从农耕民族的角度看,它们长错了位置(按书中所说的农耕民族仅是处于除草农耕带的农耕文明,并不能代表一切样式的农耕文化)。杂草如果换个位置,长在大草原上,那么必定会受到所有游牧民族的欢迎,因为它们都是优质牧草。这一番"杂草论"可以称得上是当代循环农业的开路先锋。事实上,不少传统生计都具有资源循环利用的特性。一块黄岗侗族的稻—鱼—鸭共生稻田❷,实质上就是一个缩小的循环经济模型。其二,该书又讨论了众多在远古时代仅流行于动物身上的疾病,经由畜牧业的发展,通过人与畜类密切接触,最终传染到了人身上;同时还有一些疾病本来只在野生动物身上传播,其后由于人们从事定居的农业耕作,与相关的野生动物发生了密切的关系,最终这些动物身上的疾病传染到了人身上,一度横行中国南方稻田区的"血吸虫病"就是如此。❸该书的这番"瘟疫论"对认识当代无公害农业同样发人深省,特别是对如何抗拒生物性风险具有可贵的借鉴和启迪价值。农业化肥、农药等这些现代人看来必不可少的东西,其使用后果可能都得重新再认识。而传统生计方式恰好可以从这番"瘟疫论"中得到自然性适应水平的有力认证。从上述两个方面去观察黄岗的稻—鱼—鸭共生系统,不仅有防范当地水稻种植中可以碰到的常见病虫害的功效,甚至还有抑制现代新生的生物传染病的功效。

三、稻—鱼—鸭共生模式的功效研究

1. 稻—鱼—鸭共生模式的防虫功效

众所周知,水稻的虫害很多,其中啃食稻秆稻叶的害虫占有很大的比例。在

---

❶ 艾尔弗雷德·W. 克罗斯比. 生态扩张主义——欧洲900—1900年的生态扩张[M]. 许友民,许学征,译. 沈阳:辽宁教育出版社,2001.

❷ 贵州省黎平县志编纂委员会. 黎平县志[M]. 成都:巴蜀书社,1989.

❸ 徐伏牛. 1991年全国血吸虫病疫情分析[J]. 中国血吸虫病防治杂志,1992(6).

鱼和鸭共生的稻田中，这两种动物在游动时都不可避免地要撞击稻秆，害虫在稻秆上的黏附力不强，加上这些害虫也有避害的本能，受到震动时会分泌细丝黏附在稻叶和稻梗上，自己顺着细丝下垂避难，震动过后再顺着自己分泌的细丝爬回稻叶继续觅食。但在有鱼鸭共生的稻田中，这样逃生的害虫定会成为鱼鸭的饵料。大多数农学家在认同上述各种事实的同时，又对鱼和鸭不可能把所有的害虫都杀光有所顾虑。他们的思想方法和上文所说的"杂草论"中提到的农耕民族意识一脉相承。事实上，若立足于当代的生物多样性保护原则，彻底杀灭所有害虫完全没有必要，甚至是有害无益的。在黄岗的实践调查中，笔者注意到，2006年黄岗各农户在政策的推动下大规模地使用农药，结果弄得鱼鸭无处容身。2007年宣传生态农业的结果是一瓶农药也没有售出，而2007年反而没有虫害。这一结果使黄岗及周边的所有村寨的老人相互约定2008年全面采用生态农业。稻—鱼—鸭共生系统防范水稻虫害的功效轻而易举地获得了众多侗族居民的一致认同，而农学家对此问题的一些看法纯属多虑。除了控制虫害外，鱼和鸭在稻田中的共存，还能发挥控制杂草蔓延的功效，多种杂草等不到长大就成了鱼和鸭的饵料，并以鱼、鸭粪便的形式转化为有机肥，与此同时还能对水稻中耕松土。来自动物和植物两个方面的生态风险都可以被鱼和鸭化解于未然。

2. 稻—鱼—鸭共生模式抗御水稻病害的功效

稻—鱼—鸭共生系统抗御水稻病害的能力一直受到少部分农学家的怀疑，他们认为，鱼和鸭都不可能吞食微生物[1]，稻—鱼—鸭共生绝不可能发挥抗病害功能。这样的质疑从现行思维的角度看无懈可击，若从系统思维的角度看却漏洞百出。水稻在稻田中不是孤立存在的，围绕着水稻的存在，会通过食物链形成一个多物种的庞大系统。人与鱼和鸭一样只能看得见害虫并在一定程度内可以杀灭害虫，但人与鱼鸭还是有所不同，人一旦离开稻田其影响就会消失得无影无踪；鱼鸭则不同，它们要长期在稻田中觅食排泄，和水稻一样，在鱼和鸭周围也会形成多物种共生的庞大系统。围绕稻—鱼—鸭三者形成的三个庞大系统，各自都养活着各不相同的微生物群落。众所周知，任何一种微生物都会分泌本物种特有的抗生素[2]，其结果只能是加入到围绕鱼和鸭形成的两个系统后，围绕水稻

---

[1] 蔡典明.中国农业的优良传统与农业循环经济的发展[J].安徽农学通报,2006(6).

[2] 熊宗贵,白秀峰.抗生素生物合成控制的进展[J].抗生素,1982(2).

形成的庞大多物种中的各种微生物,其蔓延都会受到制约。因而,能危害水稻的微生物,虽说不会灭绝但也不会泛滥成灾。换句话说,稻田中如果只有纯而又纯的水稻存在,其染病的概率就会很大,如引入了鱼和鸭之后,染病的概率就会明显变小。

3. 稻—鱼—鸭共生模式抗拒"环境污染综合征"的功效

水稻除了染上病害和虫害外,也会患上功能性和器质性的病变。比如,根部深度缺氧而导致的烂根,有机物降解不完全而导致的表象缺肥,通风不良导致的植株萎缩,透光不良而导致的叶面泛黄等。[1]水稻的此类病变应当合称为"环境污染综合征"。此前的现代集约农学专家对水稻患上的"环境污染综合征"都靠人力横加干涉,这是典型的线性思维研究思路。从系统思维的角度着眼,对付水稻的"环境污染综合征",只能靠生态系统自身的层次化、复杂化去解决。也就是说,要在纯粹的水稻群落中,插入尽可能多的生态结构次级层次。靠共生的其他生物替水稻通风透光,加速土壤中腐殖质的降解,增加稻田水土中的氧气含量等。鱼在水中的游动打破了稻田水体的平静,鱼游动提供的能量,驱动了水体的流动,这样的流动不仅提高了稻田水土的氧气含量,同时还刺激了微生物的生长,从而加速了腐殖质的降解。鸭的存在撞击禾秆的力度更大,其效用很高。总之,鱼和鸭引入稻田后,在水稻群落中插入了两个最佳的生态层次,使稻田生态结构多层次化和复杂化,加速了物质、能量、信息的流动和循环,有效地改善了水稻的生长环境,降解了生物废料,提高了水稻生长的环境质量。

四、结 语

通过对上述稻—鱼—鸭共生模式的抗风险功效的探讨不难发现,黄岗侗族的传统稻—鱼—鸭共生农业经营模式,凝聚着当地侗族居民的智慧,是该民族宝贵的精神财富和自然性适应成果。这一传统农业模式的最大的特点之一就是物质能量多级高效循环利用,并能有效地控制外部有害物质进入这个循环圈,从而达到最大限度地减轻环境污染的效果。在我国农业受到全球化冲击的今天,侗族传统稻—鱼—鸭共生农业经营模式为西南少数民族地区推广"循环农业"提供

---

[1] 李绍清,李阳生,李达模.水稻耐涝高产栽培与减灾策略(综述)[J].上海农业学报,1999(3).

了重要参考范例,但由于各民族的生态背景和民族文化的差异性很大,因此,推广"循环农业"时不能盲目地照搬黄岗稻—鱼—鸭共生模式,必须尊重当地现有的民族文化和农业地方性知识和技能,这样才能使既有利于当地生态循环,又有利于资源高效利用的"循环农业"模式顺利推广。

侗族传统糯稻种植生计的生态价值

——以贵州黎平县黄岗侗族田野调查为例*

崔海洋

摘　要:通过系统调查黄岗村乡民的传统糯稻种植生计方式,结果发现,传统生计方式在当地不仅使其综合产出水平高,而且还具有储养水源的生态价值。为此,重新认识传统生计方式的生态价值对缓解水资源短缺具有重要的意义。

关键词:糯稻种植　水资源储养　生态价值　传统生计

一、引言:"适当技术论"的启示

韩国生态人类学家全京秀博士在他的代表作《环境 人类 亲和》一书中,提出"适当技术论"这一新概念。在他看来,单凭一项技术是否先进、是否高效判断引进该项技术的得失并不足取,关键是要看该项技术对韩国而言是否适当。[1]从上述生态人类学的理念出发,全京秀博士引导我们重新认识了济州岛乡民传统供水方式的生态价值。

我国是一个水资源短缺的国家,借鉴全京秀博士的"适当技术论",使我们看到了各民族传统糯稻种植的特殊生态价值,为缓解我国水资源短缺找到可行的文化对策。[2]半个世纪以前,我国百越系的几个主要少数民族,如侗族、壮族、布依族、水族、傣族等都以糯稻为主食,在糯稻的种植过程中一直贯彻"稻鱼共生"[3]"林粮兼营"的生计传统。21世纪,随着水资源匮缺的日益迫近,为了使我国经济走上可持续发展的轨道,如何找到缓解我国水资源短缺的文化对策,自然成了

---

* 本文发表于《安徽农业科学》2009年第6期。

[1] 全京秀.环境 人类 亲和[M].崔海洋,译.贵阳:贵州人民出版社,2007:168,172,183-185.

[2] 庞鹏沙,董仁杰.浅议中国水资源现状与对策[J].水利科技与经济,2004(5).

[3] 韩荣培."饭稻羹鱼"——水族传统农耕文化的主题[J].贵州民族研究,2004(2).

生态人类学者当仁不让的研究使命。为此,我们不仅需要重新审视正在使用的各项现代技术对我国而言是否适当,而且更需要重新认识我国各民族传统生计方式保水固土的生态价值。❶笔者在黎平县黄岗村田野调查过程中发现,帮扶少数民族边远山区社会经济发展固然重要,但结合中国水资源短缺的国情来说,重新认识和发掘利用各民族传统生计方式保水固土的生态功能更具直接应用价值。笔者主张,在我国南方300米以上的山地丛林区应恢复传统的糯稻种植和稻鱼共生的传统生计方式,以缓解我国南方水资源供给不足的困境。

二、黄岗侗族村寨人文地理概况

黄岗村位于黎平县西南,该行政村的辖地犹如黎平县伸出的一个半岛,东、南、西3面都是从江县的辖地,仅北面与双江镇所辖的平天、贵密、四寨、岑和4个行政村相连。该行政村耕地的最低处海拔420米,位置最高的稻田海拔961米,村委会所在地海拔760米,就整个侗族分布区而言,黄岗堪称是海拔较高的村寨之一。境内地势南高北低,从东到西排列着南北走向的4条山脉,山脉与山脉之间有3条小溪自南向北纵贯全境,在该村辖境的最北端汇合,汇流后称为规密河。规密河是都柳江支流双江河的南源,双江河与都柳江合流后,直接注入广西壮族自治区的三江侗族自治县境内。因而,黄岗一带的亚热带季风丛林是珠江流域的水源储养林之一。

黄岗行政村是一个侗、苗杂居的行政村,主体居民是侗族,共计309户,其中50户是苗族,但侗族和苗族分寨而居。侗族聚居在黄岗自然村,苗族聚居在岑秋寨,共分为11个组。岑秋位于黄岗自然村的西南,直线距离3.5千米。黄岗村1组、9组的耕地位于村委会之南,地势较高,平均海拔820米,2组、10组的耕地位于村委会的东南,平均海拔800米。4组和8组的耕地位于村委会的东北,这一地带森林特别茂密,而且还有国家一级保护植物红豆杉群落和香樟树群落及珍稀树种紫花泡桐,平均海拔600米,但稻田的海拔分布差异最大。该村海拔最高的稻田在8组,而该村4组个别农户的稻田却低于500米。该村3组和11组的

---

❶ 杨庭硕,吕永锋.人类的根基——生态人类学视野中的水土资源[M].昆明:云南大学出版社,2004:78.

耕地位于村委会的西北,这一地区森林也十分繁茂,不少稻田完全掩映在崇山密林之中。耕地的海拔差距也很大,地势最高的稻田海拔820米,地势最低的稻田海拔420米,处于岑秋河与平天河的交汇口。该村5组和7组的耕地位于村委会的西面和西南面,这一地区处在小岭的西坡,面对岑秋河的河谷,600米以上山区覆盖着茂密的森林,600米以下地带则是稻田与丛林相间的坡面。这两个组的稻田相对集中,5组的稻田地势较高,平均海拔600米,7组的稻田平均海拔不到500米。岑秋寨的苗族组成该行政村的第6组,该组的耕地不在黄岗村辖境内,而在双江乡岑和村的辖境内。该村在册稻田106.7公顷,账面人均耕地约0.08公顷,但实际测量结果表明,人均耕地可能要高达0.2公顷以上。该村在册林地1866.7公顷,但凭借卫星定位系统实测,林地面积也要高出一倍。可以说,黄岗村是一个地广人稀、耕地分散、林多地少的特殊行政村。

黄岗侗族老人管寨制度对黄岗村的糯稻种植一直发挥着制度支持作用,糯稻品种的育种、保种、传种都与这种传统社会机制有关。正是侗族传统社会机制使黄岗地区世代选育的优良糯稻品种能得以保存下来。

三、制约糯稻种植的自然与生态资源

黄岗地区山高林密、河谷幽深、地表崎岖,按照水稻专家的成熟理论,此种地段显然不利于水稻种植,制约水稻种植的自然与生态资源至少包括以下6个方面。其一,日照不足。由于丛林密布、河谷幽深,星散在其间的稻田必然会日照不足。不少田块一天阳光直接照射的时间少于4小时,日照不足是水稻种植的大害。其二,水温较低。因为森林密布,地表水域接收日照的时间太短,因而水温普遍偏低,笔者的实测表明,黄岗许多稻田夏季最高水温都达不到25℃,这同样是水稻种植的大害。❶其三,阴天较多。黄岗地区海拔偏高又处于冷暖空气交汇的锋面带,因而阴天多晴天少,全年晴天不到96天,秋季常常会连续四五天浓雾不散,这对水稻的扬花造成致命性的损害,这更是水稻种植的大害。其四,黄岗地区正处于溪流的源头,加上山高坡陡,致使雨量虽然丰沛,但海拔较高地段

---

❶ 查光天,鲍思祈.气候因子对早稻产量构成的影响[J].浙江农业科学,1986(4).

的稻田容易脱水。❶海拔较低的地带水资源虽然有保证,但水温偏低,稻田容易漏水,也不利于水稻种植。其五,春秋两季气温偏低且波动幅度大,特别是早霜和秋霜对水稻育秧和收割都极为不利。❷种植水稻既要防止烂秧,收割时又要防止出芽和霜害,这也是水稻种植的大害。其六,不同田块的自然资源配置差异太大,没有任何一个水稻品种能普适于黄岗的所有田块,这也是水稻种植的大害。为了克服上述不利因素,黄岗人经历了千百年的世代努力,凭借不同糯稻品种间的自然杂交,选育出了难以统计的糯稻品种,保证了糯稻种植和稻鱼共生的侗族传统生计方式在黄岗的稳态延续。

四、余论:传统糯稻种植生计的生态价值及潜力挖掘

过去对传统生计的研究者主要集中在民族文化本身,或者局限在少数民族传统生计在当地的生态效益和经济效益方面,很少将此研究与全国范围内的资源配置联系起来,从而导致研究结果很难引起社会各界的关注和共鸣。笔者认为,应当把生态人类学置于全国生态大环境和资源配置大背景中进行分析与研究。以黄岗传统糯稻种植生计的研究为例,笔者认为,黄岗侗族传统生计方式不仅维护了当地生物多样性、生态环境的可持续发展,还对珠江水系和长江水系的水资源安全做出了重大贡献。

据笔者近几年来参与的田野调查实践获知,除黄岗外,珠江流域还残存着很多类似生计方式的地点和民族。贵州省境内除黄岗及其周边地区外,黔东南自治州格头苗寨、台江县交下苗寨、黔南布依族苗族自治州,以及三都、荔波两县的水族也承继着类似的生计方式,如荔波县茂兰镇水庆村水族居民拥有的糯稻品种多达43种。此外,广西壮族自治区的三江、融水、罗城等地的毛南族、侗族、壮族、苗族居民同样延续类似的生计方式。又据广西方面的研究者报道,广西境内的河池、百色等地区的各族居民也有少数残存着类似的传统生计。

黄岗的传统生计仅是我国众多百越系统各民族早年共有生存方式的残存。相关资料表明,20世纪中期以前,整个西江流域世代生息的壮族、布依族、水族、

---

❶ 严伟群,陆建明. 水稻病虫综合防治技术[J]. 上海农业科技,2006(6).

❷ 杨渊华. 认识气候变化规律预防霜冻灾害[J]. 内蒙古气象,1995(6).

毛南族、仫佬族和侗族,还有一小部分瑶族和苗族都一直靠糯稻为生。他们种植的糯稻和黄岗的糯稻相近或相似,其山区农田的建构也与黄岗的农田结构相似,只是后来这些民族放弃了糯稻种植和稻鱼共生的传统生计方式。

综上分析,黄岗侗族的传统生计并不是孤立的社会文化事实,而是具有广阔分布范围的多民族文化共性特征。其以传统生计残存点为基础,拥有深厚的社会文化基础和社会潜力。考虑到整个珠江流域属于百越系统的少数民族及部分苗瑶系统的少数民族农村人口高达1500万,稻田总面积达166.7万公顷,如果全面恢复传统生计,仅稻田就可以在雨季储积75亿吨的淡水资源,如果将森林、鱼塘的水源涵养能力合并计算,总储水能力将超过长江三峡水库有效储洪量。这样,我国珠江流域的干旱、水荒可以得到极大的缓解,同时暴雨季节的水涝风险也可以得到极大降低。我国南方侗族、水族等百越系各民族的传统生计方式不仅在现代化的今天具有巨大的经济社会发展潜力,同时还具有更大的生态价值,特别是水资源的再生储备价值和蓄洪价值,对缓解我国水资源的短缺无疑是一个新的希望。这种借助民族传统文化优化我国资源结构的对策,正是生态人类学所倡导的资源可持续再生与优化配置的生态建设对策。

侗族传统稻作模式流变对农业面源污染的影响*

崔海洋 张琳杰 李 峰

摘 要：进入21世纪以来，侗族传统的稻作文化传承受到现代文明的巨大冲击。大规模使用化肥、农药等现代技术使土壤、水体的污染日益严重，面源污染问题逐渐显现。本文以侗族传统稻作模式为研究对象，探讨其在抗拒化肥、农药，以及水体自净、防治农业面源污染等方面的生态价值，并结合这种稻作模式的现代流变分析其变迁对当地农业面源污染防治等方面的重要影响，指出侗族传统稻作模式在保障当地农业安全生产，以及长江、珠江上游生态屏障上的重要意义。

关键词：侗族 传统稻作 农业面源污染

一、引 言

侗族聚居于我国西南部云贵高原东端，主要分布在黔、桂、湘三省交界毗邻区。所处地势西北高东南低，地形复杂多样，主要由山岭、丘陵、河谷及盆地组成，其中山地面积比重最大，素有"九山半水半分田"❶之说。河流水域方面，由于分布在五岭山脉南北，北部有渠水、舞阳河、清水江等河流，为长江水系，南部有浔江和都柳江，二者汇合为溶江，为珠江水系，因此，侗族聚居地是长江、珠江水系重要的生态屏障。侗族聚居地区属于亚热带湿润山地气候，温和的气候条件适合农林牧渔业的发展。❷千百年来，生活在这一地区的侗族居民以糯稻为主食，他们因地制宜地在高山陡坡上开山修渠、建构稻田，并形成了其特有的"稻鱼共生、林粮间作"传统稻作农耕模式，巧妙规避了山地生态环境下不能规模生产单一产品的劣势，充分利用了稻田的综合价值。同时，在其生产过程中，物质和

---

* 本文发表于《中央民族大学学报（哲学社会科学版）》2014年第2期。

❶ 欧潮泉，姜大谦. 侗族文化辞典[M]. 香港：华夏文化艺术出版社，2002：45-46.

❷ 姚丽娟，石开忠. 侗族地区的社会变迁[M]. 北京：中央民族大学出版社，2005：1-2.

能量的循环利用实现了微型的可持续运行生态系统,起到了对资源高效利用和对环境精心维护的效果。研究发现,这一生产方式具有防虫、防病、抗拒化肥农药等特性,具有极高的抗风险性,对防止使用化肥农药时残留下的氮、磷元素所造成的农业面源污染具有显著作用。

随着西部大开发等政策的大力推行,民族地区城镇化工业化的发展,现代农业技术在侗族地区得到大面积的普及和应用,加之农村人口的大量外迁,使侗族居民不得不使用现代技术以弥补劳动力不足等问题,社会经济发展的热潮正逐渐改变着侗族传统的农耕文化。侗族地区籼稻、杂交稻的推行,导致稻—鱼—鸭共生模式转变为单一稻种的种植方式,虽然杂交稻的单亩产量较糯稻高,但其不仅抛弃了复合经营模式,更重要的是,鱼、鸭原先在稻田中所起到的除草、除虫及施肥等作用也不复存在,稻田失去了原先抗化肥农药特性,反而更加依赖农药对虫害的控制和化肥对土壤的施肥。化肥、农药中所含大量的氮、磷等营养元素及其他污染物,若得不到有效处理,会通过农田地表径流和土壤下渗,造成水环境的污染而形成农业面源污染,这不仅不利于当地农业的可持续发展,而且对长江、珠江的水质安全而言同样是一个重大威胁。因此,本文将从侗族传统稻作模式的生态适应性特点出发,逐一剖析这种模式在防治农业面源污染上的抗风险性,以及水体自净的功效,分析传统稻作模式的现代流变对当地生态环境的重大影响。

二、侗族传统稻作文化的生态适应特点

侗族传统稻作文化的产生、传承与发展,与其自然生态背景息息相关。由于侗族分布于典型的石灰岩山地脆弱生态区,喀斯特地貌土层薄、成土慢、地质条件差,并且地形起伏坡度大,经过雨水冲刷,极易发生水土流失,难以恢复。山高坡陡,地表海拔差距大的地理特点不仅增加了侗族居民耕作难度,而且削弱了自然环境的水储养、截留能力,雨水一旦落下地面,立即流入河流,无法在这一地区长期保存。特殊的山地环境加上这一区域降雨时间空间上分布又极其不均的自然背景,共同制约了在侗族聚居地区发展大规模农业生产。然而,侗族居民就是在这样的丘陵坝区中,建构起与生态背景相适应的特有稻作文化。在实际生产

中,侗族居民很好地规避了自然条件所带来的不利,而且糯稻的种植不仅稳产、高产,即便遇上严重的自然灾害,糯稻也不会明显减产。山高坡陡的地貌特征及农林间种的生计模式并没有减少当地生态环境对水资源的储养能力,反而有明显的提高。地区内水土流失也得到有效控制,尽管侗族居住地区的地表起伏较大,土壤存在严重的重力侵蚀隐患,雨水流水侵蚀也很厉害,但数百年来,灾难性的水土流失事件在侗族地区鲜有发生。这一系列结果,足以证明侗族人在补救资源短缺上的自然性适应能力。

稻田的修建,是侗族传统稻作文化自然适应过程中的一个关键环节。由于居住环境地质条件差异大,适宜种植的土地分布零散,难以进行大规模的糯稻种植。因此,侗族居民因地制宜地修建稻田,各类稻田也略有差异,大致可以分为四种常见类型。第一类是坡面梯田,这类稻田在地势陡峭的坡面先修建高田坎,最后实施土方回填而建成。第二类是井泉供水稻田,这类稻田往往是顺着已有的溪谷逐层营建,在原生状况下,稻田所利用的土地资源属于季节性的湿地,也因如此,稻田的开发对周边成熟林的压缩极其有限。稻田开发后的生态属性并没有发生变化,因而对原生生态的人工改性极为有限,反而湿地生物的群落更加扩大。第三类是坝区梯田,这类稻田一般顺着山麓重开河道,绕开湿地,在湿地的出水口处修建高坝以便截留水土,最后实施土方回填,按高低差异将湿地分成面积不等的田区。第四类是稻田集中分布在河流水口的低海拔区段,是利用往年泥石流形成的次生堆积而构建的稻田。以上四类稻田对生态环境进行了最小化的改造,很好地保持了生态结构的完整性,并通过特定技术,达到在山地环境下对水土的保持和充分利用。

为了适应侗族所处地区山高坡陡、地表起伏较大的生态特征,弥补当地自然条件不能大规模批量生产单一的生物产品,侗族居民采取了均衡生产不同生物产品的方法。侗族居民世代相传各种传统糯稻品种,种植在特定条件的稻田之中,适应复杂多变的自然环境。这些生物特性各异的糯稻品种,使当地侗族居民克服了生态环境差异大的难题,成功地在丛林环境中发展了糯稻种植生产。稻田在侗族地区不仅仅是用于生产糯稻的场所,侗族居民还在稻田内放养鱼类、鸭类,综合产出稻、鱼、鸭三种生物产品,巧妙弥补了生态环境不能规模生产单一产

品的劣势,充分利用了稻田的综合价值。稻—鱼—鸭共生模式的关键在于,稻田
内种植根据地质地貌选育出的特定糯稻,以适应在山地丛林中生长;鱼类则选择
特别驯化出的对水稻生长无碍的家养鲤鱼;然后选择体型较小,便于穿行于稻丛
之间而又不会伤害水稻和鱼类的小麻鸭放养。最后通过人为对三者的种植或放
养时间的控制达到稻、鱼、鸭三者在稻田内并存、共同生长的效果。❶在侗族地区
这样山高坡陡的生存环境下,一块稻田可以生产出多种产品,不仅产值大大提
升,而且在生产过程中物质和能量能够达到循环利用,形成了一块微型的可持续
运行生态系统。建构的稻田不仅能够很好地适应当地的自然生态环境,克服和
解决了自然条件对糯稻种植的种种不利影响,而且保证了稻田内生物多样性水
平,提高了糯稻、鱼、鸭类及鸭蛋等附属农产品的综合产出。

三、侗族传统稻作模式的抗风险功效

1. 拒绝化肥、农药的使用

侗族传统稻作农业的稻—鱼—鸭共生模式的经济产出并不单一地局限于水
稻生产,其综合经济效益更高。从生态系统的稳定性上来说,稻、鱼、鸭三者相互
作用,控制了病虫草害,在避免农业污染的同时,也对稻田中作物的正常生长提
供了肥料来源。另外,稻、鱼、鸭共生是生态系统生物多样性的集中体现。除上
述稻、鱼、鸭生物的存在以外,稻田中还生存着大量的泥鳅、黄鳝、虾、蟹、泽蛙,
以及田螺等生物,这些生物都可以作为稻田的产物。除食用生物以外,稻田土壤
中还存在着各种微生物,这些微生物对增加土壤肥力、降解水中有机物质等方面
具有重要作用。在侗族聚居地区,不仅保留了适宜当地生态环境的多样性水稻
品种,也使一块稻田实现了多种生物并存,种类繁多的野生动植物与稻—鱼—鸭
共同形成了一个更大的生态网络。

要保持稻田生态网络的完整性,必然要求外部对这一系统的干预保持在一
定的范围之内,否则就会破坏生态网络循环,最终造成整个系统无法正常运行。
在现代化农业技术的推广中,免不了对农作物使用化肥农药、生长激素等。这些

---

❶ 罗康智.侗族美丽生存中的稻—鱼—鸭共生模式——以贵州黎平黄岗侗族为例[J].湖北民族学院
学报(哲学社会科学版),2011(1).

行为表面上对水稻的产量有积极的促进作用,但同时扼杀了其他副产品的生产空间,而且存在食品安全及环境污染等问题。化肥的主要成分为各种盐类,长期大量使用肥料,会增加土壤溶液的浓度而产生大小不同的渗透压,田中作物根部便无法从土壤中吸收水分,从而危害作物正常生长。除对作物本身的伤害以外,化肥还可能导致水体和土壤污染,作物成熟后也可能会有部分元素含量超标等危害。而农药本身毒性对作物的危害则更为直接。这些潜在的危险,在侗族传统稻作耕作方式中却不存在,因为侗族稻—鱼—鸭共生模式中,人既是水稻生产的参与者,也是宏观调控的能动主体。稻—鱼—鸭共生模式所生产出的伴生生物多达100多种,其中能够供居民食用的生物就包括泥鳅、黄鳝、河蟹、青虾、泽蛙、田螺等❶。这些生物所产生的粪便及动物的运动本身起到了化肥施肥与农药除虫的作用。

2. 稻田系统控制病虫草害

水稻受到害虫危害很大,特别是啃食稻秆、稻叶的害虫会对水稻的生长造成严重的威胁。据实验统计,在不使用农药杀虫的情况下,一片超级杂交稻的田内1平方米内的虫量可高达200头,主要有稻纵卷叶螟、二化螟、稻飞虱等害虫。❷稻田产量和作物质量受到害虫的明显影响,如对稻田施药除虫,会伤害到稻田鱼类的安全生长,稻田作物也会受到残留物的污染。然而在鱼鸭共存的稻田内,虫害会大大减少,因为鱼和鸭的游动会撞击稻秆,害虫或被振落水中,或是顺着分泌在稻叶上的细丝下垂避难,如此便成了鱼、鸭的饵料。这便起到了防止病虫泛滥的作用。此外,稻瘟病是水稻的重要病害之一,然而在鱼鸭共存的稻田里,由于鱼、鸭需要长期在稻田中觅食、排泄,必然会各自形成与之相关的微生物群。鱼鸭系统所产生的微生物群会制约其他微生物群的蔓延,因此,能够对水稻生长产生威胁的微生物不会泛滥成灾,能够得到有效的控制。换言之,相比水稻单作田,引入鱼和鸭的共生模式更能够控制水稻的染病概率,学者张丹在对从江县稻瘟病发病率的研究中证实了这一点。❸除了控制虫害和稻瘟病以外,鱼和鸭在稻田中的共存还可以发挥控制杂草的功效,因为大部分的杂草在未长成之前便已

❶ 陈茂昌. 论生态恶化之成因——侗族文化转型与生态系统耦合演替[J]. 贵州民族研究,2005(4).

❷ 刘见平,等. 超级稻病虫发生特点及其药剂防治技术[J]. 植物保护,2005(5).

❸ 张丹,闵庆文. 一种生态农业的样板——稻鱼鸭复合系统[J]. 世界环境,2011(1).

经成了鱼和鸭的饵料,并通过鱼和鸭的消化系统,变为有机肥,进一步促进了水稻的生长。

3. 生态循环增加土壤肥力

稻—鱼—鸭共生系统自身抗拒化肥产品的同时,其土壤、作物所需肥料,基本上可以从稻田中所饲养的鱼、鸭获得。鱼和鸭在吃掉害虫、杂草的过程中产生出粪便,沉于土中,鸭粪中含有粗蛋白质和氮、磷等主要肥料元素,增加了土壤有机含量。同时,鱼和鸭在水中的活动,扰动了空气和水体,增加了空气和水体流动,增大了土壤孔隙度,有利于肥料和氧气渗入土壤深层,改变了稻田内土壤、水分的养分、结构和通透性。因此,鱼鸭共存的稻田能够从多方面对土壤肥力产生积极影响。

除增加植物本身所需肥料以外,鱼、鸭等动物的游动也会防止稻田内植物根部糜烂、植株萎缩、叶面泛黄等现象的发生。在没有鱼、鸭等动物运动的水稻田内,水面通常十分平静,水中含氧量不足,作物浸在水中的根部常常因此而进行无氧呼吸,稻田底部的有机物降解不完全,所产生出的酒精等导致植物根部糜烂、植株萎缩、叶面泛黄等。❶由于这些症状似乎是因稻田肥力不足引起,因此此前常常采取的解决方法就是遇到"缺肥"就强施化肥,日照不足就砍伐树木,一切都靠人对自然的破坏来干涉,没有从整个生态系统的角度去考虑。而稻—鱼—鸭共生系统自身在解决这种问题时,是依靠着生态系统的层次化、复杂化来解决。共生生物在水中的活动驱动了水体的流动,提高了水体含氧量,促进了作物根部的有氧呼吸,加速了有机物的降解,自然而然地避免了一系列综合征的发生。总之,鱼和鸭被引入稻田后,使稻田的生态结构更加复杂化、层次化,加速了物质和能量的循环,有效地改善了水稻的生长环境,将肥力不足、肥料难以被植物吸收等问题防患于未然。

四、侗族传统稻作模式的水自净功能

1. 稻田生态系统的水自净机理

侗族传统稻—鱼—鸭共生经营模式,通过稻田中糯稻、水生动植物,以及微

---

❶ 李绍清,等. 水稻耐涝高产栽培与减灾策略(综述)[J]. 上海农业学报,1999(3).

生物等之间的交流,达到物质、能量上的循环。稻—鱼—鸭共生生态模式培育了丰富的农业生物物种,一块稻田共生的动植物多达百余种。田鱼以放养鲤鱼(乌鲤、荷包鲤、大腿鲤、火鲤)为主,其次是鲫鱼、草鱼等;鸭子主要有本地种,水鸭和三穗麻鸭(特有品种)。除了养鱼、放鸭、螺、蚌、泥鳅、黄鳝、虾、鳖、蟹、泥鳅、黄鳝及七星鱼等野生水生动物,茭白、莲藕、慈姑、水芹菜等水生植物也在此生息。稻田作为一种多物种的大面积人工次生湿地生态系统,以太阳能为初始能源,通过稻田中水生动植物以及微生物之间形成的物质、能量循环,形成人工生态系统,推动物质、能量的多层次传递,并且达到对污水中的有机物质起到降解和净化的效果,不仅对有机物质起到去污的功效,而且以植物、动物等形式进行回收再利用。

侗族地区稻田生物链复杂,物质、能量运动活跃,在循环过程中具有对水体的自净功效。污水进入稻田湿地系统中,可沉淀部分进入厌氧层,通过产酸菌、产甲烷菌的分解,以气体形式排出;不可沉淀的有机部分,通过好氧层中的分解者——细菌、真菌等,降解为无机物,为糯稻、杂草等提供有机化合物的中间产物。糯稻、杂草等生产者一方面通过光合作用产生氧气,以供分解者降解有机物所需;另一方面无机物用于合成与自身增殖,同时杂草也为鱼、鸭提供部分的饲料来源,鱼和鸭吃掉杂草和昆虫的同时,产生的粪便能够补充水稻田中的肥料,这样就减少了人工肥料和农药的需求,改善了稻田的水质,提高了水溶性氮、磷量,降低了稻田酸碱度,使得系统内部物质、能量维持良性循环。污水中的有机物质在整个过程中大部分得到分解、利用,水稻田最后不仅起到了去污、净化功能,而且充分利用了污水中的有机物,以供水稻、鱼、鸭等的生长需要。总的说来,稻田湿地生态系统对污水的处理,利用了太阳能、生物能、化学反应,以及物理作用等多层次地对污水中的有机物进行降解,不仅去除了污染物,而且通过水生动植物、水产和水禽等重新回收利用,其净化污水效果明显。稻田湿地生态系统不仅拒绝了依靠化肥获取营养元素,而且起到了净化污水的作用,对改善当地生态环境起到了重要作用(见图1)。

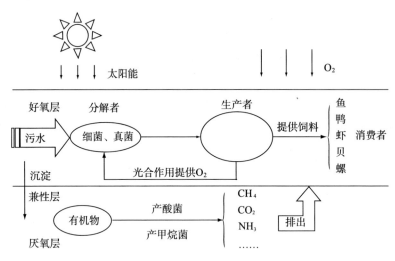

图1　稻田生态系统污水净化功能机理

2. 立体水网的多重水自净功效

稻田湿地生态系统对氮、磷元素的净化作用主要以太阳能、生物能为驱动，通过食物链，达到对污水中的氮、磷元素分解与利用，形成能量循环和物质循环，最终对污水进行净化并利用。除稻田湿地本身对污水的净化以外，稻田、沟渠和水塘立体构建起来的水网系统，是以稻田、鱼塘为点，沟渠为线的流域系统，能够多层次地对污水起到净化作用，对来自农业磷污染负荷的截留率高达94%以上。具体途径包括截留沉淀、水生植物吸收、沉积物吸附和微生物降解等几个方面：污水通过沟渠在稻田和鱼塘之间流动时，沟渠中的水生生物形成了密集的过滤带，起到了减缓水流速度的作用，进而降低了污水中污染物的传输动力，促进其沉淀于沟渠之中；沟渠之中的植物根系组成的地下茎网，能够阻碍污水中的重金属，以及悬浮物流动并沉积下来，通过其表面进行整合、吸附、沉淀等；氮、水网底部，土壤和死亡后的植物所产生的腐殖层共同组成了沉积物，这些大面积的沉积物能够将氮、磷元素进行沉积、转化，并随着水的迁移，将氮、磷元素转移到沉积层的内部，通过矿化以及植物的吸收等方式去除。

五、结　论

第一，侗族传统稻作模式的形成，与侗族生存背景息息相关，是在长期的历史演进中，侗族居民与自然环境相互适应的结果，是对自然资源利用与维护的集中体现。侗族聚居的西南地区喀斯特地貌特征明显，山地多而土层薄，四季降雨分布不均，降水下渗快，各种自然生态条件并不适合发展大规模农业。然而，侗族居民在村寨的选址、稻田的构建及农产品生产等方面上，都考虑到了自然背景的不利因素，利用林粮间作等方式，弥补了自然条件的脆弱环节。在稻田之中进行稻—鱼—鸭复合式生产，大大提高了稻田综合产值，自体形成的物质和能量循环，将动植物所需的物质元素充分利用。侗族传统稻作文化为侗族居民提供了稳定和充裕的粮食供给，并且很好地适应和维护了当地生态环境。

第二，侗族传统稻作模式以稻—鱼—鸭共生系统为主要特征，糯稻、鱼类和鸭类等生物、微生物及非生物构成的复杂系统，在物质和能量上做到了真正的循环利用。同时，在生物产品的生产过程中，要求脱离化肥、农药、生长剂等现代技术产物在稻田中的使用，避免了对稻田生态系统循环的人工干预。即使水体中引起农业面源污染的氮、磷元素过量，稻田生态系统及田、塘、渠水网也能够对水体起到自净作用。因此，在侗族地区，基本上不会发生由氮、磷元素引起的农业面源污染问题。

第三，近些年来，侗族聚居的西南地区城镇化发展迅速，在改善当地居民生活条件、提高生产效益的同时，由于现代技术的引进、外来文化的传入，以及农业政策的推广等，农村劳动力大量外迁，促进了侗族地区使用化肥、农药等现代技术，以提高水稻产量。这一传统稻作文化的现代流变不仅增加了氮、磷元素的使用量，而且破坏了原先人工生态系统的水自净功能，农业面源污染问题逐渐开始威胁到侗族农业的安全生产。由于侗族聚居区又处于长江、珠江水系上游，上游生态的改变将直接威胁整个流域的水资源安全。因此，如何实现侗族传统稻作文化与现代化建设相兼容，保证侗族聚居区不受农业面源污染困扰尤为重要，这是生态学今后研究的重要方向之一。

传统农业生态系统的农业面源污染防治作用

——以贵州从江稻—鱼—鸭共生模式为例*

崔海洋　张琳杰　李　峰

摘　要:现代农业在带来粮食高产的同时也造成难以治理的农业污染和生态环境破坏,因而现代农业发展开始转向保护生态环境、可持续的农业形式,同时人们开始重新发现和思考传统农业文化的功能和价值。稻—鱼—鸭传统农业生态系统与现代生态农业发展中有机农业的生产理念和技术规程天然耦合,蕴含着现代农业所倡导的生态环保、循环经济的可持续发展思路,具有重要的环境、经济和社会价值。本文从稻—鱼—鸭系统的特点和功能出发,分析了传统农业地区现代化进程所引发的农业面源污染问题,以及稻—鱼—鸭传统农业生态系统对农业面源污染的预防和治理作用,以期通过对稻—鱼—鸭共生模式的价值挖掘和动态保护,为农业面源污染的防治提供新的启示和思路。

关键词:传统农业生态系统　稻—鱼—鸭共生模式　农业面源污染

一、引　言

农业是国民经济和社会发展的根基,农业的可持续发展对推动整个经济社会的和谐发展具有重要作用。随着我国农业现代化政策的推广实施,农业生产取得了举世瞩目的成就,但也面临气候变化、人口增长、生态破坏等诸多威胁。其中,由于农药化肥的过量使用,禽畜养殖废水、农村城镇生活污水直接排放等积累造成的农业面源污染问题,已成为我国生态环境恶化的主要原因。农业面源污染问题若不及时处理,会进一步导致地表水和地下水污染、农田肥力下降及粮食安全、生物多样性下降,使农业生态系统日趋脆弱,农业发展与生态环境陷

---

* 本文发表于《生态经济》2014年第5期。

入恶性循环,从而对经济发展和社会稳定造成不利影响。面对现代农业大规模生产引发的弊病,人们开始重新审视发展和持续的问题。反观传统农业生态系统,它们仍然健康、持续地运作,为人类应对发展中的困境提供了可供参考的案例。在今天人口、资源与环境问题日益加深的背景下,传统农业生态系统蕴含的丰富而巨大的生态经济价值不断彰显。

贵州省从江县稻—鱼—鸭共生模式就是绝佳案例。稻—鱼—鸭传统农业生态系统历史悠久,至迟于东汉时期就已经出现在中国西南山区的川蜀一带。千百年后,在贵州省、湖南省、广西壮族自治区的少数民族,尤其是侗族聚居区,依然保持着这样的农耕方式。稻—鱼—鸭传统农业生态系统与现代生态农业所倡导生态环保、循环经济的可持续发展生产理念天然耦合,并在系统中得到了完美的呈现,由于其突出的环境、经济和社会效益,从江县稻—鱼—鸭系统2011年被正式授予全球重要农业文化遗产保护试点地。近年来,国内众多学者从稻—鱼—鸭传统农耕的生态经济效益、民族文化传承与生态环境维护、全球重要农业文化遗产等角度进行了调查及研究。本文在此前研究成果的基础上,从稻—鱼—鸭传统农业生态系统的特点及功能出发,探讨传统农业地区现代化进程引发的农业面源污染问题,对稻—鱼—鸭共生模式在农业面源污染中的预防和治理作用进行分析,以期为农业面源污染的防治和全球同类地区农业持续发展提供参考依据和借鉴作用。

二、稻—鱼—鸭传统农业生态系统的特点与功能

1. 稻—鱼—鸭传统农业生态系统的特点

农业生态系统是一种典型的半自然生态系统,是人类按照自身的需要,用一定的手段来调节控制农业目标生物与非生物环境之间的相互关系,通过合理的能量转化和物质循环,进行农产品生产的生态系统。[1]稻—鱼—鸭传统农业生态系统作为农业生态系统的一种,既具有农业生态系统的特点,也有其独有的特点。地处贵州省东南部的从江侗乡,稻—鱼—鸭共生模式历史悠久。结合自然生态条件,当地农民在土地资源紧缺的自然条件下,长期摸索创造出独特的生产

---

[1] 陈阜. 农业生态学[M]. 北京:中国农业大学出版社,2002:19-20.

方式和土地利用方式。种植糯稻的同时放养鱼和鸭类,让稻、鱼、鸭同步生长,在此过程中三者相互依存、相互制约,人参与其中起到宏观调控的作用,控制三者的种植或放养时间,达到稻、鱼、鸭在稻田内并存、共同生长的效果。❶在山地坡陡的自然环境下,一块稻田可以生产出多种产品,不仅提升综合产值,而且在生产过程中达到了物质和能量的循环利用,成为可持续运行的微型农业生态系统。

稻—鱼—鸭传统农业生态体现了丰富的生物多样性特点,在典型的稻—鱼—鸭系统中,一块稻田的动植物多达百余种。一方面,保持水稻品种的物种多样性,从江侗乡的香禾糯品种多达40多种,主要有榕禾、笐须禾、王禾、蛙禾、雷株禾、冷水禾等;另一方面,稻田内其他生物也十分丰富,田鱼以放养鲤鱼为主,其次是鲫鱼、草鱼等,鸭子是本地特有品种,如水鸭、三穗麻鸭。除了养鱼、放鸭,还有螺、蚌、虾、泥鳅、黄鳝等野生水生动物,茭白、莲藕、慈姑、水芹菜等野生植物品种。此外,从稻—鱼—鸭系统的结构特点上看,在稻田生态系统中引入鱼和鸭,组成了由稻、鱼、鸭组合的异质物种结构。这种结构表现出明显的种群数量效应和优势种群效应,有助于充分发挥稻田生态系统的生产效率。同时,稻—鱼—鸭传统农业生态系统的生产者和消费者构成的复杂食物网结构,资源利用率更高,具有更好的稳定性和抵御外部冲击的能力。

2. 稻—鱼—鸭传统农业生态系统的功能

农业生态系统是陆地生态系统的重要组成部分,它不仅具有为人类提供食物、纤维、燃料等产品的生产生计功能,而且具有显著的生态环境功能和社会文化功能。首先,生产功能方面,稻—鱼—鸭传统农业生态系统为当地居民提供了丰富的农副产品。除了收获稻米、田鱼和鸭子,农户还可以从水田内获得众多水生动物和水生植物,稻田附近还可以种植黄豆、红薯、玉米等作物和各种蔬菜瓜果。其次,生态环境功能方面,稻—鱼—鸭共生模式在多项生态功能上效果显著,如生物多样性保护、大气调节、水分涵养、养分循环、土壤肥力保持等。稻—鱼—鸭系统形成的食物链网络,维系着其他更多水生生物的和谐共存,稻田系统周围的森林生态系统和草地生态系统也存在物质能量交流,由此影响系统的生物多样性水平;稻—鱼—鸭共生系统多位于森林与耕地的过渡地段,当地农民在

❶ 罗康智. 侗族美丽生存中的稻鱼鸭共生模式——以贵州黎平黄岗侗族为例[J]. 湖北民族学院学报(哲学社会科学版),2011(1).

稻田上方留出浅草带,浅草带可降低地表径流速度,使流水携带的泥沙沉淀,缓冲泥石流和山洪对于稻田的危害,通过利用田埂高度使得稻田既能蓄养水源,又能防止水土的流失。稻—鱼—鸭传统农业生态系统能够改善土壤的通气条件,增加土壤肥力,促进水稻对养分的吸收;稻—鱼—鸭系统可以吸收空气里的有害物质从而净化大气,连同村寨周围的水系,起到对气候的微调功能。稻、鱼、鸭共生的稻田与常规种稻相比还可以明显降低甲烷的排放量。最后,社会文化功能方面,稻—鱼—鸭传统农业生态系统可以带动非农产业的发展和劳动力就业,缓解农村剩余劳动力带来的压力,获取经济收益;稻—鱼—鸭共生模式与民俗文化传承密不可分,经过历史沉淀衍生出与系统密切相关的民族宗教礼仪、风俗习惯及饮食文化等;在稻—鱼—鸭共生模式的基础上,可推行如生态农业、观光农业、生态旅游等的现代多功能农业模式,稻—鱼—鸭传统农业生态系统的主要功能如表1所示。

表1 稻—鱼—鸭传统农业生态系统的主要功能

功能分类	功能描述
生产生计功能	提供初级产品,其他农副产品
生态环境功能	保护生物多样性,涵养水分,土壤肥力恢复,气候调节
社会文化功能	解决劳动力就业,民俗文化传承,多功能农业

三、传统农业地区的农业面源污染问题

1. 传统农业地区农业面源污染产生原因

农业面源污染主要是指在农业生产活动中,化肥、农药及其他有机或无机污染物质的使用是造成农业面源污染的主要原因,这些物质通过农田渗漏和地表径流对水环境造成污染。❶化肥污染主要体现在化肥用量高、氮磷钾比例不合理,以及肥料流失利用率低等方面。化肥配比的不合理会造成土壤持续力下降和土壤酸化等问题。而肥料的低利用率,流失部分随灌溉和降水进入水体,导致

---

❶ 李秀芬,朱金兆,顾晓君,朱建军.农业面源污染现状与防治进展[J].中国人口·资源与环境,2010(4).

地下水和地表水中氮、磷含量增高,致使水体富营养化。农药污染主要表现为大量使用农药,且化学农药不易分解,多余的农药通过灌溉和降水排到水体中导致水质污染。传统农业地区快速现代化的进程使传统的资源利用方式被逐渐替代,伴随着化肥农药等现代技术的大量使用,传统农业地区的农业面源污染问题逐渐显现。

在现代社会经济和价值观念等因素的影响下,传统农业正面临诸多威胁和挑战,农业生产方式的改变是农业面源污染产生的原因。首先,传统农业地区受过去农业政策的干预及导向,传统水稻品种被高产杂交稻取代,化肥农药随之引入。传统农耕在食品安全、生态维护方面的价值被严重低估,导致传统糯稻品种逐渐失传,传统农业的种植面积萎缩。其次,稻—鱼—鸭传统耕种的劳动强度大,管理复杂,掌握传统选种、育种和耕作知识,熟知传统生活习俗、宗教信仰、礼仪的老人相继离世,受现代观念影响的年轻一代逐渐放弃传统文化外出打工,导致农村实际劳力匮缺,使一些地区的稻田养鱼养鸭有向粗放回归或被放弃的趋向。最后,稻—鱼—鸭传统农业生态系统产品由于生产规模小、品种多、规格不齐、市场化和深加工程度低,加上当地农民在市场经济中被边缘化,农民生产的高品质产品很难切入和拓展市场,在日趋全球化的市场经济中,很难取得应有的价值回报。

2. 传统农业地区的农业面源污染现状

传统农业一般分布在经济落后区域,往往有较好的农业生态环境。贵州省从江县就是一个典型的传统农业区域,自然环境、劳动力资源方面都有发展农耕的优势,但由于地理位置、社会经济及技术条件的制约,总体上农业发展水平较低,不能直接走现代有机农业的发展模式。加之地处长江、珠江两大水系中上游,如果农业环境受到污染,不但导致当地生态环境恶化和资源退化,还将对下游地区造成水体污染等严重影响。因此,传统农业地区的农业面源污染问题应引起足够的重视。

传统农业地区农业污染主要由于农药化肥等农用物资的不合理和过度使用,不当处理农作物秸秆,随意排放人畜禽粪便、生活污水等引致。种植业方面,由于籼稻、杂交稻的推行,传统农业的种植方式的改变,稻田中化肥、农药的使用量逐渐增加,导致农田内氮、磷元素过剩。大部分农作物秸秆直接焚烧或抛弃,不仅浪费资源,而且污染环境。污染物质通过农田地表径流和土壤下渗,造成水环境的污染而形成农业面源污染。除化肥、农药对土壤、水体的污染以外,家禽、家畜的粪便也是农业面源污染的一大来源。以养鸭业为例,现代养殖鸭类所产生的废水、废物是对生态环境沉重的压力。测定显示,一只鸭平均一天排粪100克,其粗蛋白质含量为7.94%,其中氮1.10%,磷1.40%。❶高浓度有机禽畜污水中含有悬浮物、有机质、沉积物、微生物,以及氮、磷等养分,若未经任何处理的禽畜粪便排入水系中,会造成水质恶化,破坏生态环境。但是,稻—鱼—鸭传统农业生态系统中则不存在这一问题,因为鸭子的活动范围大部分限于田中,产生的粪便直接排入田中,既充当了稻田循环系统中的一部分,同时也防止了鸭粪的肆意排放带来的土壤污染。农村生活污染对生态环境的污染也不容忽视,农村生活污染主要包括农村生活污水和人粪尿流失造成的污染。❷传统农业地区的生活污水和生活垃圾基本没有进行处理,大部分直接随地表径流水进入水体,形成生活污染源。

四、稻—鱼—鸭传统农业生态系统的农业面源污染防治作用

1. 控制病虫草害减少农药施用量

在现代化集约农业中,化肥农药的使用,表面上对稻田产量有积极的促进作用,但同时扼杀了其他副产品的生产空间,引发食品安全、环境污染等问题。稻田受害虫危害较大,据实验统计,在不使用农药杀虫的情况下,一片超级杂交稻的田内1平方米的虫量可高达200头。❸但在稻—鱼—鸭传统农业生态系统中,人直接参与稻田生产,成为宏观调控的能动主体。鱼鸭共存的稻田,虫害大大减少。因为鱼和鸭的游动撞击稻秆,害虫或震落水中,或顺着分泌在稻叶上的细丝下垂避难,成了鱼鸭的饵料,稻秆中残留的螟虫也是鸭子的美味佳肴,从而避免了病虫的威胁。大部分杂草在生长初期就成为鱼鸭的食物,鸭子在捕食过程中

---

❶ 刘丽,吴文通.贵州三穗鸭产业循环发展模式初探[J].经济研究导刊,2012(13).

❷ 梁流涛,冯淑怡,曲福田.农业面源污染形成机制:理论与实证[J].中国人口·资源与环境,2010(4).

❸ 刘见平,刘都才,熊继东,等.超级稻病虫发生特点及其药剂防治技术[J].植物保护,2005(5).

搅动泥水,使稻田水域浑浊,浑浊田水挡住阳光,抑制杂草发芽和生长,吃掉的杂草通过消化过程变为有机肥排出,又促进了水稻的生长。与单作水稻相比,稻—鱼—鸭共生模式能更好地控制虫害,降低水稻染病的概率。

2. 增加土壤肥力减少化肥施用量

在稻—鱼—鸭共生系统中土壤、作物所需肥料基本上可以从稻田中所饲养的鱼、鸭获得。鱼和鸭在吃掉害虫、杂草的过程中产生出粪便,沉于土中,鸭粪中含有粗蛋白质和氮磷等主要肥料元素,增加了土壤有机含量。同时,鱼和鸭在水中的活动,扰动空气和水体,增加空气和水体流动,增加土壤间的孔隙,便于养分进入土壤深层,从而改变稻田内土壤、水分的养分、结构和通透性。因此,鱼鸭共存的稻田能够从多方面对土壤肥力产生积极影响。系统中的鱼以水田中杂草为食,鱼粪可以直接转化为肥料,增加稻田内有机物质和养分,实现稻田系统内部废物回收利用,实现施肥的效果,减少肥料的投放。因此,养鱼稻田只要施足基肥,就可以做到减少甚至不使用化肥。此外,鱼的活动能疏松土壤,增加土壤孔隙度,改善土壤通气性,有利于在肥料和氧气进入土壤层,提高施肥效率。除增加植物本身所需肥料以外,鱼、鸭的游动也会防止稻田内植物根部糜烂、植株萎缩、叶面泛黄等现象的发生。鸭每天在稻田中排泄,相当于每天给水稻施肥,恰到好处地提供营养给水稻,实现了现代农业期望的缓施肥效果。稻—鱼—鸭共生系统依靠自身系统的循环解决了土壤肥力不足的问题,共生生物在水中的活动驱动了水体的流动,提高了水体含氧量,促进了作物根部的有氧呼吸,加速了有机物的降解,自然而然地避免了由于过度施用化肥引发的农业面源污染问题。

3. 系统物质能量循环治理水体污染

稻—鱼—鸭共生模式培育了丰富的农业生物物种,一块稻田共生的动植物多达百余种,是生物多样性的集中体现。除稻—鱼—鸭生物的存在以外,稻田中还生存着大量的泥鳅、黄鳝、虾蟹、泽蛙、田螺等生物,种类繁多的野生动植物与稻—鱼—鸭共同形成了一个更大的生态网络。除了这些食用生物以外,稻田土壤中还存在着各种微生物,这些微生物对降解水中有机物质等方面起到了重要作用。稻—鱼—鸭系统通过稻田中糯稻、水生动植物及微生物等之间的交流,达到物质、能量上的循环。污水进入水稻田湿地系统中,可沉淀部分进入厌氧层,通过产酸菌、产甲烷菌的分解，以气体形式排出；不可沉淀的有机部分，通过好氧层中的分解者细菌、真菌等，降解为无机物，为糯稻、杂草等提供有机化合物的中间产物。糯稻、杂草等生产者一方面通过光合作用产生氧气，以供分解者降解有机物所需；另一方面将这些无机物用于合成与增殖自身，同时杂草也为鱼、鸭提供了部分饲料来源，在鱼和鸭吃杂草、昆虫的同时所产生的粪便，能够起到补充水稻田肥料的作用，减少了对人工肥料及农药的需求，从而改善稻田水质。污水中的有机物质在整个过程中大部分得到分解、利用，水稻田最后不仅起到了去污、净化功能，而且充分利用了污水中的有机物，以供水稻和鱼鸭等的生长需要。稻—鱼—鸭系统通过稻田中水生动植物以及微生物之间形成的物质、能量循环，形成人工生态系统，推动物质、能量的多层次传递，并且达到对污水中的有机物质起到降解和净化的效果，从而对农业面源污染起到良好的治理功效。

五、小　结

农业生态系统是人类获取必要生活资料的基本载体，长期发展形成了自身特点和规律，现代农业的发展应考虑生态系统的特点及其演进方向，把传统有机农业与现代农业技术相结合，走环境与经济协调可持续的发展道路。贵州省从江县稻—鱼—鸭传统农业生态系统以其独特性和生存优势，以及在区域环境、经济和社会文化方面的多重价值，对当地社会经济的可持续发展提供了不可替代的作用。环境污染的出现是人们不合理的资源利用方式所引起的生态副作用的长期积累，随着人口的聚集、农业集约化程度的提高，农业面源污染已成为当前环境污染问题的难点。过去，农业面源污染的治理往往采取"先污染，再治理"的道路，然而环境一旦恶化，治理成本庞大，可能大大抵消掉发展的成果。而稻—鱼—鸭传统农业生态系统通过内部和谐的结构，经济高效地利用资源，减少化肥、农药、除草剂的使用，改善农田水质，避免使用化肥农药带来的生物多样性的破坏，实现了农业废弃物的无害化和资源化，不仅从源头上减少外部投入，而且免去了对环境污染的治理费用，缓解了农业现代化进程中不可避免的生态副作用，对农业面源污染防治和农业持续发展具有重要的意义。

茶叶产业篇

茶的技术与生态

——基于《茶史》解读与"东苗茶"比较视角*

崔海洋　高　翔　杨海鑫

摘　要: 作为民族文化有机构成要素的茶叶加工技术,必然受制于所处民族文化的制约,同时还得与相关的自然与生态系统相适应。清代刘源长所编《茶史》从跨文化比较视野出发,所载之汉民族传统茶叶加工技术,与贵州境内少数民族或西南地区其他少数民族的传统茶叶技术相比,其间差异甚大,但其最终指向却殊途同归,都能够生产出优质品茗。换言之,技术差异的原因既关乎所处的生态系统,更关乎不同民族的传统文化,但最终都能获得异曲同工之妙。

关键词:《茶史》　东苗茶　民族文化　生态系统　茶叶加工技术

一、刘源长及其《茶史》

自唐代陆羽编成《茶经》以来,历代文人有关茶叶的著述,不胜枚举。经过历朝文人之归纳,不同汉族地区茶叶加工技术似乎已经形成定论,以至于各书之间出现雷同在所难免。不过,清康熙年间,刘源长编写的《茶史》却更具概括性。同时,该书还注意到,某些加工技术存在着地方性的差异,也客观存在着时间上的不同,因而更具代表性。通过将书中所载之技术与田野调查资料相结合发现,不同民族(地区)间茶叶加工技术之间的异同,不会影响茶叶的品质,因为生产茶叶的民族及其文化,产茶地所处的自然与生态系各不相同,茶叶加工技术需要分别适应于不同的社会与自然背景。无论是汉族地区,还是贵州少数民族地区,它们各自生息区内生长出来的茶树,都与历史岁月实现了长久的磨合,是各自传统的名特优产品,因而其间隐含的民族文化与它们之间的关系早已是共融状态。

---

* 本文发表于《广西民族大学学报(哲学社会科学版)》2015年第5期。

茶叶加工技术的背后,除了生态背景所使然,更重要的还在于民族文化间的对话与交流。

刘源长,字介祉,淮安人,生活于明末清初之间。除《茶史》外,还有《参同契注》《楞严经注》等著作问世,可见他还是一位虔诚的道教徒。本文探讨的版本乃是日本早稻田大学所藏二介堂氏家藏本。该书有李仙根、张廷玉、陆求可等名人及其子刘谦吉所撰序言。从序言可知,康熙皇帝欣赏此书,而且其还一度成为清初名人雅士的案头读物。该书除摘编历代文人雅士的茶事著述外,还记录有关采茶、焙茶、制茶、藏茶等有关茶叶加工工艺的技术。在跨文化比较视野下,本文试图以这些记载为依据,反观贵州境内相关民族的传统制茶技术,特别是汉族与贵州各少数民族传统制茶技术之间的异同,剖析其间的差异及其实质。

就目前所掌握的材料来看,关于系统研究《茶史》的著作并不多见。胡长春等人在《清代茶学著作述评》一文中,对《茶史》有相应的介绍,对该书的作者刘源长的生平、《茶史》的成书年代和版本有所交代。[1]从中可以看出,这仅是一般性的资料性介绍,并不是系统的研究。类似介绍性的著作还有章传政等人的《明清的茶书及其历史价值》[2]一文。较之于胡文而言,该文仅仅简单地提及作者和书名,连基本的版本等内容都没有提及,也不言及该书的价值。当然,在《中国茶史》等著述中,也有相应的提及。总之,关于《茶史》的系统研究十分鲜少。因此,本文的研究在一定程度上可以弥补学界对《茶史》研究的不足。

此外,关于东苗茶的研究同样不系统,但关于生产东苗茶的东部苗族在民族学和民族史方面则有所研究,如李汉林的《文化变迁的个例分析——清代"改土归流"对黔中苗族文化的影响》[3]一文。该文对黔中东部苗族做了历史性的回顾,更可贵之处在于,对东苗茶的生产地黔中一带的文化生态变迁进行了相关梳理,于本文的研究而言,启发极大。值得推荐的是,彭荫荪的《历史悠久的贵定云雾茶》[4]一文,则较为系统地介绍和论证东苗茶的研究。该文较为系统、全面地介绍

---

[1] 胡长春,等.清代茶学著作述评[J].农业考古,2000(2).

[2] 章传政,等.明清的茶书及其历史价值[J].古今农业,2006(3).

[3] 李汉林.文化变迁的个例分析——清代"改土归流"对黔中苗族文化的影响[J].民族研究,2001(3).

[4] 彭荫荪,等.历史悠久的贵定云雾茶[J].贵州茶叶,2007(2).

了云雾茶(东苗茶也包含在其中)的相关历史、生态背景等。这对于本文的研究而言,同样是极为重要的基础。

总而言之,无论是关于《茶史》的研究,还是关于东苗茶的研究,前人的研究都较为鲜少,更是没有系统的专题研究,而仅仅是在其他著述中捎带提及,因而本文在充分消化和吸收这些为数不多的研究基础上,深化了相关的认识,尤其是对《茶史》所诞生的汉民族建构起来的汉族"文化生态"与苗族建构起来的苗族"文化生态"。由于两者之间有着明显的区别❶,因而系统探讨《茶史》和东苗茶的相关问题,必须首先认清两个民族的文化生态之间的异同点,进而才可利用民族学传统的比较研究法,以《茶史》的相关分析为线索,揭示当下东苗族及其文化生态问题,为东苗茶的当代复苏提供来自历史的经验。

二、"心灵"与"手巧":采茶技术之关键

《茶史》对汉族传统采茶技术归纳为如下四个要点:采茶的时间控制、采茶的操作要领、采茶的禁忌和采茶的技术标准。此处着重分析采茶的时间控制和采茶的技术要领两个方面,并将其与贵州境内相关少数民族的传统采茶技术相比较,阐述其间的差异之处。

《茶史》载:"凡采茶,在二月、三月、四月之间。其日有雨不采;晴有云不采,晴采之。凡采茶必以晨兴,不以日出。日出露晞为阳所薄⋯⋯及受水而不鲜明,故常以早为最。"意指在汉族产茶区,采茶的时间前后大致要延续三个月,即从农历二月开始到四月结束,大致为九十天。采茶时应当以日出前为好,但这仅是就整个汉族地区而言,具体到不同的地区和不同的茶种则又互有区别。

《茶史》又云:"岕中之人,非夏前不摘。初试摘者,谓之开园。采自正夏,谓之春茶。其地稍寒,故须待时⋯⋯"此外,该书还提及,有的地区是以惊蛰前后为采茶期,有的地区又是以谷雨前后,有的则是以清明前后为采茶期,有的是以八哥鸟初次鸣叫为采茶的物候标准,不同的地区都各不相同。至于各地该如何掌握采茶的最佳时期,该书又提出了另一个时机把握的原则,即"采茶不必太细,细

---

❶ 杨曾辉,李银艳.论文化生态与自然生态的区别与联系[J].云南师范大学学报(哲学社会科学版),2013,45(2).

则芽初萌而味欠足;不必太青,青则茶已老而味欠嫩"。其内在含义在于,除了以物候为标准,还需要密切关注茶芽生长的样态,才能把握最佳的采茶期。

入春后,茶树的生长极为旺盛,因而各地最佳采茶期持续的时间其实很短,要制作优质的茶叶,都必须抢时间采摘。总之,刘源长认为,不同地区采茶开始和截止的时间,各地互有差异,但具体到不同地区的茶园,采茶的起止时间非常具体,而且延续的时间很短。

东苗茶是贵州苗岭山区的名茶,明代被确认为宫廷贡茶。朝廷责令周边土司定期上贡东苗茶芽,直接送抵皇宫,供宫廷享用,并把这样的规定确立为这些土司的职能之一。值得一提的是,在贵州的东苗茶产区,采茶延续的时间却非常长,最早在惊蛰前后就开始动手,一直到立夏时,都还可以采到优质的茶芽。这是因为东苗茶产区的自然与生态背景,东苗茶的产区,位于苗岭山脊的"雾雨带"❶。在这样的气候背景下,从惊蛰至立夏的三个多月内,浓雾弥漫的天数很多,晴天次数相对少得多。而晴天一旦出现,白天正午的温度可以突破20℃❷,以至于在惊蛰前后只要出现晴天,那么茶芽便可萌发生长,苗族乡民就可以进行选择性的采茶。可是,接下去便是连天的浓雾天气,而刚萌生的茶芽,由其生物属性所使然,会进入休眠状态,而且会在茶芽表面长出浓厚的绒毛,以防范冷霜的侵害。休眠期的茶芽还会因此而聚集起丰富的芳香物质和有机物,以便在晴天时迅速生长。如此一来,抓紧时间采茶完全没有必要,因为在其后漫长的浓雾天气中,早摘一天,或者迟采十天,对于采下茶芽的质量几乎没有明显的影响。当地居民完全可以从容不迫地采茶。至于《茶史》认为,要采到好茶就得在太阳出山以前赶早采摘,而且采摘时不能太老也不能太嫩,这样的认识对当时内地的茶产区而言是至关重要的,但却不适用于苗岭山脊地带,因为这里正午的温度、湿度、日照强度,与清晨差异并不十分明显,因而苗族文化就不会出现赶早采茶的文化策略。换言之,不同区域的气候因子,对当地植物等生物的影响并不是对等的❸,因而民族文化的适应策略必然不可能趋于一致。

此外,他们所种植的是树干可高达十多米的高树茶,而且错杂生长在亚热带

❶ 贵州气象局.贵州的气候[M].贵阳:贵州人民出版社,1959.

❷ 陈建庚.苗岭山地构造地貌的发育及其生态环境的分异特征[J].贵州科学,2004(3).

❸ 王馥棠,等.气候变化对农业生态的影响[M].北京:气象出版社,2003.

常绿阔叶混交林中。茶树的树龄往往长达数十年,甚至上百年。茶树中储备的营养物质极为丰富,如氨基酸、纤维素、多元酚类、果胶质、咖啡因、多种矿物质[1],茶芽被采摘后,一遇晴天又会发出新芽来,而且多次萌生的新芽其质量标准不会下降,因而同一株树可以多次反复采茶三个多月。乡民不仅可以从容不迫地采茶,而且也不受制于"二十四节气"行进的影响,可直接观察,碰上优质茶芽立即采摘。《茶史》一书之所以反复强调,不同节气采摘茶芽质量标准会出现天壤之别,乃是因为汉族地区的茶园是人工矮化后的丛生茶,茶树的树龄很短,积累的营养物质不够,因而采茶时要严格区分头茶、二茶、三茶,并以头茶的质量最高。

生态背景的差异,使《茶史》提供的中原汉族居民采茶时机规程,对贵州"雾雨带"的产茶区根本不适用。在漫长的三个多月时间内,随时都可以采到优质茶芽。"雾雨带"各民族的文化指向,则是集中在如何区分茶芽的老嫩,以便归类加工。这才是他们有别于中原汉族居民的,而且是必须确立的特殊技术规程。他们的文化指向具体表现为,根据茶芽的颜色和绒毛去进行归类,而茶芽的红色减退,绿色增加,绒毛变稀,才是他们确认茶芽等次的分类依据。

对采茶的操作,《茶史》作了如下说明:"凡断芽必以甲不以指,以甲则速断不柔,以指则多温易损。"这样的技术要求似乎极为苛刻,但对于汉族的茶园而言,却是质量控制的根本性要求——汉族茶园所处的生态环境使然。采茶时茶芽必然处在旺盛生长状态,而不是处在休眠状态。采摘时,如果动作不快,或者用手指接触到茶芽叶片,就会给叶片造成损伤。但凡叶片因手指用力过重而受到损害,那么茶芽采下后,就不可能按照其生物本能——因缺水而自然进入休眠状态,以确保其芳香物质和营养物质不会发生不利的生化反应,而是启动自我修复机制,去应对采茶时给叶片造成的外伤,从而导致芳香物质的损失。为此,《茶史》强调只能用指甲,而不允许用手指,完全符合当地生态环境的要求,因而是汉族地区采茶至关重要的操作规范。反过来,纯粹用指甲采茶芽,也与汉族文化直接关联。如果汉族地区不是连片种植矮化后的丛生茶树,使得妇女能够站在地上用双手便可完成茶芽采摘,那么要靠指甲去完成的茶芽采摘技术也是难以实

---

[1] 李海生,张志权. 茶Camellia sinesis L. 对铝的吸收与累积研究[J]. 中山大学学报(自然科学版),2002(1).

现的。

至于汉族地区为何要凭借人力使茶树矮化,以利采摘,又直接关联到汉文化下的制度保障。汉族的茶叶生产不仅已经专门化,而且实现了高度的职业分工。采用这样的经营办法,更有利于控制质量和降低经营成本。要使茶树矮化,也必须为此付出额外的劳动力投入。正因为汉文化要素之间的环环相扣,《茶史》一书所倡导的采茶技术,才可能达到近乎苛求的水准。很显然,这既是一个纯技术的问题❶,但更是当地生态背景和汉文化双重作用的产物。

相比之下、凡处在贵州"雾雨带"山区的高树茶,需爬树或搭梯子才能摘到茶芽。这就注定了一般得由青年男子去完成。当然也就不可能像汉族妇女采摘茶叶那样,用指甲去完成了。可是,这并不会损害茶芽的质量,因为这些茶芽只要不遇到连续的晴天,便处于休眠状态,即使遇到了外伤,在低温的雾雨背景下,茶芽采下后也不会引发不利的反应。再加上这些茶芽基部十分脆嫩,只需稍加触动便可采摘,因而由男青年完成这一工作,对于茶芽的质量并不构成致命性的影响,但于汉族地区的茶芽操作而言,则会产生很大的影响。这正是民族文化与生态环境双重模塑下的技术操作之别,也体现了《茶史》的操作要求在这里难以奏效的原因。

在汉族地区的采茶操作中,采茶者需要直接观察茶芽发育的老嫩,既不能太嫩,也不能太老,标准则是谷雨前后采摘最佳。这样去控制采茶的操作,采茶工人不仅需要特殊的训练,更需要高度的责任心和敬业精神,才能确保优质茶的采摘质量。然而,在贵州各民族产茶区,并没有完成明确的职业分工,根本不可能对每一个采茶者完成培训,但这并不会影响贵州各民族产茶区的优质茶芽的采摘。这既是当地生态背景决定下的茶芽生物属性所使然(即在雨露时期休眠,而晴天之日生长),又与当地民族文化有效分配和利用节令有关。例如,东苗茶的采摘时节正是苗族传统意义上的"冷季",是休闲狩猎时期❷,而其间可以做到"通婚圈"内劳动力的有效分配,能够实现汉族采茶者的敬业精神,因为他们需要利用这样的时机去展现自我,展现家族魅力。如此,采摘质量肯定有充分保障。

总之,由于所处自然与生态系统的不同,文化背景的差异,茶芽采摘的时机

---

❶ 陶汉之,等. 施肥对茶树叶片微量元素和光合作用的影响[J]. 安徽农学院学报,1992(3).

❷ 石朝江. 中国苗学[M]. 贵阳:贵州大学出版社,2009.

控制和技术规程显然各不相同。反过来,正是这些差异的存在,使各自所产茶叶的质量都得到保证,堪称各尽其妙,异曲同工,但却不可将两者混为一谈,甚至是相互替换。这正是跨文化研究的一个基本原则。

三、控制"火候":焙茶技术之核心

民族文化的指向不是单一、孤立的,它还会针对一项技术的不同环节做出应对。焙茶是茶叶加工中的关键技术,其技术原理是确保茶叶快速脱水,以利于长期储存。同时,又不允许茶叶中的蛋白质凝固,纤维素软化,还要尽可能减少茶叶香味的散失。[1]蛋白质凝固必然会导致茶叶中的有效成分不能溶解于水,使浸泡出的茶汤口味受损。纤维素的软化则会影响茶汤的澄明度和色泽;香味物质的散失会极大地降低茶叶的品味质量。这就需要民族文化去做出针对性的调整和适应,需要控制焙茶的温度不允许超过50℃,焙炒升温的过程又要快而耗时短。为了避免香味散失,焙茶时还需要覆盖,甚至要选择通风良好、散热快的环境。同时,风速又不能过快,因而整个焙茶的技术操作,几乎等同于一件艺术品的创作。

对于贵州民族地区的焙茶工艺,我们也有幸发现了一则固有综合性的归纳说明:"制茶土法,于岁三月初,摘新芽,名头茶,细小而嫩。先以清水洗净,滤干后,入净釜中以文火焙之。每分钟搅五六次。觉熏手时,取入竹器中,洁手揉叶,至卷而止。候热散尽,洗锅再焙(不洗锅则生茶锈),如是者四。但炒之三四次时,每分钟须搅十次,否则叶色不均,细粗不匀。此后入竹笼中烤之,上盖以洁布,使火力均匀,茶气不散,至干而止,即成茶也。采茶自清明起,谷雨前采者曰'雨前茶',极细者曰'毛尖',均茶中上品。四月摘二次,曰'上茶',至三次止。"这段文字所体现的焙茶技术要领,与茶叶的生物属性,以及茶叶脱水的生物反应完全吻合。在这一技术环节中,贵州各少数民族与中原汉族之间的焙茶技术,最终目的并无实质性差异,但具体的技术操作过程却并不一致,依然因所处生态环境与民族文化的差异,呈现为不同的操作规范。

由于焙茶技术直接关系茶叶的市场价格,因而不管是汉族地区还是少数民

---

[1] 张俊,等. 烘焙处理对夏秋绿茶香气品质的影响[J]. 中国食品学报,2010,10(6).

族地区都极其重视。然而,在汉族地区,由于已经有了技术分工,因而炒茶工的选择自然要仰仗"雇佣金高低"这个杠杆,去遴选技术好、责任心强的工人担任这一关键性的技术工作。而在贵州民族地区,由于是家户自己完成焙茶工艺,以至于其技术要领的控制就得通过社会教育的方式,去"传—帮—带"了。为此,就得让他们凭手感去掌握焙茶的温度,也就是在不断翻炒中,感到茶叶散发的热量"熏手",就得停止加热,而且还得用扇子扇风,使其快速冷却。

另一个重要的差异在于,各自社会文化系统所提供的技术装备也不相同。汉文化系统提供的加热工具对火力控制更为精准,因而在技术要领上明确指出,加热用的火焰要像簪子那样细小,以至于锅的受热点非常窄。焙茶时,可以通过不断移动锅的加热位置,而获得均匀受热。而在贵州民族地区,通常都是用柴薪加热,火力的控制非常艰难,因而需要用"文火"加热,而且加热时得频繁翻动茶叶。好在贵州山区焙茶用的锅是厚重的陶制锅,也就是俗称的"砂锅"。这样的锅升温慢,降温也慢,可以在一定程度上弥补火力难以控制的缺陷。停止加热的把握也得规定为以"熏手"为度,手感到热为止,其实质也就是将加热的温度控制在50℃以下。

文化的差异尽管导致了操作者和技术装备的不同,但不同民族之间都会通过经验的积累,实现扬长避短,以确保茶叶的焙制达到较高的技术标准,焙制出优质的品茗。

汉族与贵州少数民族所处环境的差异,在焙茶上也相应地会表现出技术标准的差异来。汉族地区气温高、气压大、升温快、降温慢,因此,即便使用小火加热,茶叶的边缘脱水速度都会比茶叶中心部位的脱水速度快得多,以至于在焙茶的过程中,茶叶的边缘很容易硬化变脆,从而导致茶叶弯曲呈炒熟的虾子或蛤蟆的形状,并把茶叶的这种外形变化确定为停止加热的技术指标。与此同时,茶叶回冷后,又会舒展恢复为此前的形状,则被规定为可以再次加热的技术指标。

与此相反的是,在贵州山区的各民族中,所处区位海拔高、气压低,而且环境温度也偏低。茶叶在焙炙过程中,脱水的速率比较均匀,茶叶焙制达到接近50℃时,茶叶并不会明显卷曲。这就无法凭借外形的变化去控制焙茶温度,而只能以用手感知是否"熏手"为度。当然也得力于使用的是厚重的陶锅,从而防范过分加热,温度仍然可以得到精准地控制。

汉族地区采下的茶芽,尚处于旺盛的生长状态,必须等到采下后茶芽因为脱水而缓慢地进入休眠状态。这样一来,茶叶折断处分泌的汁液在进入焙茶工艺时,早已经接近干燥凝固,以至于在焙茶过程中,茶叶不可避免地分泌汁液,但这种情况通常都不会干扰焙茶工艺的执行,不会导致分泌的汁液粘连在锅底因为受热较高而焦化。也正以为如此,在《茶史》的焙茶技术要领中,不需提及每次焙茶前都要"洗锅"这一技术环节。

与此相反的是,贵州山区各民族采下的茶芽本来就处于休眠状态,以至于在焙茶时,由于温度升高,会导致茶芽细胞的复活和收缩,而在茶芽基部处分泌出汁液来。分泌量虽然极为有限,但因为这样的汁液很黏稠,一旦粘到锅底,必然要焦化,并因此而散发出异味来,影响到茶叶的质量,因而"洗锅"就是一道重要的工序。否则,制成的茶叶质量就会下降。我们在田野调查中,目睹了贵州苗族和布依族乡民焙茶时,通常都要准备六七口形制、大小相同的陶锅,才能满足需要,确保焙茶的工艺不会因洗锅而中断。只需更换新锅,焙茶就可以做到一气呵成。

同样因为在焙茶的过程中,汉族地区很难做到整个茶芽的均匀脱水,每次焙茶后,茶芽的边缘不可避免地要出现发硬转脆的现象,因而《茶史》一书并不强调"用手揉制"这一技术操作,因为这样的技术操作很容易将茶芽揉碎,影响茶芽的美观和色泽,还会导致香味的散失。但在贵州山区各少数民族焙茶操作中,《开阳县志》就明确记载每次焙茶操作后,可以趁热用手轻轻地揉茶芽,从而使茶芽更容易均匀脱水。其间隐含的生物学原理正在于,这些焙制的茶芽早就处于休眠状态。轻揉茶芽即使导致细胞破裂,茶叶表面也并不会破损,细胞破裂后释放出的香味和有用物质仍然被包裹在茶叶内,揉之不仅不会降低茶叶质量,反而会促使香味物质释放,茶叶的质量反而得到提高。汉族地区,梅雨之后便是炎热的夏天。一方面,焙制后的茶叶在通风状况下还会继续脱水发脆,从而导致茶叶容易受损,因而焙制结束后,一旦温度降到室温时,需要带热及时装入陶罐,密封储存,才能稳定焙制后茶叶的质量。但在贵州山区的苗族和布依族中,由于所处的环境没有炎热的夏季,茶叶进一步自然脱水发脆的情况很少发生。几乎完全没有必要趁热装入陶罐密封贮存,而是存储于竹编器皿中,将清洁布覆盖之即可。其目的是保持通风透气状态,使茶叶可以缓慢地随周围温度的变化而变化,更有利于保持茶叶品质的稳定。另一方面,汉族地区晚采的新茶可以置于日光下焙制,也能达到极高的茶叶质量,但却需要用黑布遮盖,以防止过分的紫外线杀伤,导致香味物质和其他有用物质的丧失。而在贵州山地各民族地区,气候环境没有这样的炎热夏季,当然也就不可能靠阳光焙制茶叶了。

总之,茶叶的生物属性虽然相同,但所处自然与生态背景各异,而文化差异亦明显,这就使焙茶的具体技术操作也不得不随之而异,但其最终指向却是一致的。

四、防霉与保鲜:消费与贮藏之目标

作为跨文化交流和分享的茶叶,已经有了近千年的历史,但在不同民族中如何消费茶叶,则必然要受各民族文化的规约。消费方式的不同,对茶叶加工的技术要求和储藏的技术要求也会各不相同,而这些技术的贯彻又必须适应于消费者所处的生态背景,以至于由消费而引发的技术问题,是文化问题与生态问题的双重结果。

《茶史》在"藏茶"条内,对相关仓储技术做了专门记载:"茶宜箬叶而畏香药,喜温燥而忌冷湿,故收藏之家以箬叶封裹入焙中,三两日一次。用火常如人体温,温然以御湿润。火亦不可过多,过多则茶焦,不可食矣。以中坛盛茶十斛一瓶,每瓶烧稻草灰入于大桶,将茶瓶坐桶中,以灰四面填桶,瓶上覆灰筑实。每用拨开瓶取茶些少,仍复覆灰,再无蒸坏。次年换灰。"此外还载到:"筑以锡瓶矣。再加厚箬于竹笼上下周围,谨护。即收贮二三载,出试之如新。"从中不难窥见,汉文化背景下的藏茶技术之烦冗,而且投入成本极高。可是,在汉文化系统内,这样的非营利技术投入却被视为理所当然,而且只能是在汉文系统内才得以实现和运作,而答案早已在李仙根为《茶史》一书所作之"序"中:"吾观生民之务,莫切於(于)饱暖。乃或终岁不得制衣,并日不得一食,安计不急之茶,至于奔名趋利淫湎纷华者,虽有名品不暇啜也。桓谭有云:天下神人,一曰仙,二曰隐。吾以为具此二德而后可以锡茶之福,策茶之勋。"这就说明,它不仅在汉文化系统内才能实现,而且也仅是部分有条件的汉族群体才能承担。当然,除了民族文化层次的理解,它所体现出来的生态适应价值和茶叶等次反差问题,同样值得关注。

若从现今的科学技术高度去评估《茶史》所载的藏茶技术,确实可以称得上是尽善尽美。因为汉族所处的地区是低海拔的炎热潮湿环境,茶叶很容易回潮,加上微生物生长繁殖活跃,茶叶霉变风险极大。化解的办法则是不仅要将茶叶密封在陶器中,还需要用草木灰作为干燥剂,而且还需要定期翻炒、杀菌、脱水,甚至还要用到锡瓶包装,才能确保储存三年的茶叶依旧如新。这样的投入,也只能是汉族中的文人雅士了。当然,这样的存储难题,在今天已经得到解决。❶需要深究的反而在于,大量使用箬叶作包装材料,从表面上看似乎是一种随机性的选择,但其实却大有深意。这是因为箬叶不仅耐腐蚀,而且其叶面有蜡质层,不容易寄生细菌和真菌的孢子,即便沾染后,由于有蜡质层的隔绝作用,也难以滋生繁殖。此外,箬叶摘下来后在很长时间内并没有死亡,而是处于休眠状态,当遇到生物干扰时,还能够被激活产生抗体,因而用箬叶作包装材料,确实可以称得上是一项值得推广的创意。也正因为如此,在贵州的各少数民族中,大量采用竹和竹叶作茶叶的包装材料也十分普遍。

贵州山区昼夜温差大,但相对湿度却很高。要对茶叶做到尽可能脱水难度极大,如果动用干燥剂成本又太高,而启用竹编容器做包装器皿,能起到良好的保鲜成效。这是贵州各民族文化应对的结晶。原来用竹皮编成的竹器,也像箬叶一样,表面有薄薄的蜡层,既不容易沾染细菌和真菌的孢子,沾染后也不容易存活,这才使可以用低成本的包装材料替代昂贵的陶器和锡器。但使用竹编器皿贮茶,又只能适用于贵州山区。这是因为昼夜温差剧烈,器皿内和器皿外的气流可以缓慢地自由交换。但器皿内的相对湿度比器皿外低,加上竹器必须编得很致密,确保在气流缓慢交换时不会带进细菌和孢子。更由于贵州各民族是将封藏的茶叶放置在火堂上方的阁楼中,从而使得储茶竹器周边的温度高于环境温度,湿度又低于环境的相对湿度。由此看来,如果离开了这一特殊的"文化生态"背景,仅用竹器批量封装茶叶,在其他地区和其他民族中恐怕也很难收到理想的保鲜成效。

---

❶ 绿色环保型茶叶专业保鲜箱问世[J].农业科技通讯,2006(10).

再看茶叶质量等次的评估指标。汉族地区的高档茶总是力争色香味的适度和淡雅,还要追求茶汤的色泽和澄明度,而其所指则是各项技术的高要求。很显然,这样的高档茶并不适用于汉族的普通民众,因为其口味太淡,不能成为配饮材料。因此,汉族民众通用的粗茶完全可以不遵循《茶史》所载的技术苛求,而是用老叶和茶梗入茶,从而使得口味更重、色泽更浓。这虽然不在《茶史》所载之列,但却是普通汉民族老百姓生活中的常态。

对贵州的山地民族而言,茶叶等次的区分同样表现为多元并存的格局。凡属销往内地的"贡茶""上等茶"都要特意称为"茶芽""毛尖"或"云雾茶"等。这显然是在模仿汉民族消费高档茶的原则,去制茶和收藏茶。与此同时,贵州山地各民族也生产市场上自由买卖的粗茶,这样的茶叶也就和汉族出产的粗茶十分相似。而真正具有民族文化特色的茶品,通常不会流入汉族市场,因为这样产出的茶叶具有鲜明的各民族文化特色,很难被汉族所接受。比如,黔北地区所生产的"贮茶",在明清两代都被称为"蕃茶",因为这是专供"茶马贸易"和上税之用,销往西藏和新疆的茶叶,具有重要的历史影响。❶而贵州各民族自己消费的茶叶,则更是用五六寸长的茶枝制作的"大叶茶"。其茶汤色泽呈浓褐色,味极重,深得民众的喜爱,每餐必以佐食。

至于布朗族等西双版纳山地民族所生产的"竹筒酸茶",那更是只能在本民族中消费。❷值得注意的是,即便是这样的茶叶,其间的加工和收藏技术同样有效,而且能够高度地适应于所处的生态环境。❸此前不少文献在评估各民族专用茶的质量标准时,往往套用汉族的品茶标准,苛求少数民族的自用茶叶,甚至怀疑早年的宫廷贡茶是否真正出于少数民族之手,或者猜测早年的贡茶质量本身就不高。这样的推测与历史事实相佐,因为直到清末,贵定地区的苗族生产出的高档东苗茶芽,还能达到宫廷的御用标准,慈禧太后和光绪皇帝都曾饮用过这样的东苗茶。出现这样的误解,完全是观察者将少数民族的民间用茶,曲解为外销品茗所使然。

《茶史》一书,还专项记载生产茶叶精品的专门技术,这同样是为汉族特殊阶

---

❶ 朴永焕.汉藏茶马贸易对明清时代汉藏关系发展的影响[D].成都:四川大学,2003.

❷ 陈红伟,等.布朗族与基诺族茶文化比较研究[J].西南农业学报,2010,23(2).

❸ 韩丽,等.布朗族酸茶理化及香气成分初步研究[J].西南农业学报,2011,24(2).

层服务。不过,即便是这种特殊技术,其他民族也可以凭借积累的经验,立足于自己对生态环境的认知,通过另类的技术手段和技术程序,达到相应的高技术要求。这就是民族文化的适应能力和包容能力。

五、结　语

本文认为,《茶史》所载汉族茶业加工技术与贵州境内各少数民族,甚至是西南其他少数民族的茶叶加工技术呈现出很大的差异,不足为怪,反而印证了生态人类学的相关理论,那就是汉民族有自己的生态背景和文化体系,而其他少数民族同样也有属于自己特征的生态背景和文化系统。因此,在各自生态背景下所建构起来的文化指向必然不一,但却都是有效的。此前,农业史研究过分关注其间的技术进步,但对各种技术所适应的生态背景,以及不同的技术植根于何种民族文化之中却疏于照顾,以至于不免会导致农业史仅表现为技术进步史的假象。但如果认真对比同一农业操作在不同时空场域内的技术差异后,我们总会发现特定农业技术都得接受所处自然与生态系统的制约,也必须服务于特定的民族文化。

制度、市场与文化：古茶树群落活态遗存研究*

崔海洋　朱复明　高　翔

摘　要：贵阳市久安乡古茶树群落，位处明、清两代滇黔驿路干道南侧，（西）清水江和猫跳河上游的分水岭上。相关研究成果显示，其最大树龄在400～600年，茶树主要分布于居民生活区内，具有明显的人工栽培特性。这片古茶树群落，何以在经历沧桑之后，却依旧能完好保存至今，颇值探究。系统梳理这一分布地的历史沿革历程，再结合对当地各民族的田野调查访问，最终发现，土司制度的延续和明、清两代执行的"茶饮管理体制"，以及各族乡民的传统知识和技术，乃是这片古茶树群落得以妥善延续至今的原因。

关键词：久安古茶树群落　栽培茶树　稻田伴生　优秀农业遗产

一、久安古茶树群落的再发现

近年来，中国农业科学院专业考察队，到贵阳市花溪区久安乡考察了一片历史悠久的古茶树群落。经专家组鉴定，其最长树龄在400～600年[1]。目前，这些古茶树由于已经被相关专家认定，加之政府大力进行政策扶持，因而正处于高效利用和精心管护之下，其科研价值和当代经济价值均无可估量。[2]鉴于这批古茶树至今尚处于有效利用状况，当前还处于初步开发阶段，因而这一事实进入科学研究视野，显然不属于"首次发现"，而只能称为"再发现"。因此，借助相关的调查资料和鉴定结果，可以对其保存现状做如下简述。

据相关专家的调查报告得知，久安古茶树群落共计拥有活态古茶树54000余株，树龄均在400～600年，而且还能正常产出优质茶叶。这批古茶树大多连片集中分布于居民生活区或农田周围，零星分布于天然林中的原生态高大茶树

---

* 本文发表于《广西民族大学学报》（哲学社会科学版）2016年第5期。

[1] 张明露. 关于贵州花溪久安乡古茶树资源保护利用[J]. 贵州茶叶，2012(1).

[2] 相关情况可参阅《贵阳市茶产业发展规划（2010—2015）》。

极为罕见。因此,专家断定这批茶树均属于中小叶型的栽培茶树,其结论准确可靠,但相关专家语焉未详者,尚有如下几事。

其一,这批茶树几乎都是在贴近地表处分枝,长成的树形大多呈现为丛生半球状。分枝的数量从数枝到数十枝不等。树冠最大的植株,其覆盖面积超过70平方米,但整体树高却又不超过5米。这显然是经过人工矮化处理的经营管护结果。在森林中自然长成的实生苗茶树,即实施了人工矮化处理,而且还需要借助"火焚"进行消毒处理,才能确保其再生能力不受病菌感染。而这里的古茶树却能够贴近地表分枝,还能确保其健康成长,实施矮化的树龄肯定不会超过定植后的2~3年内,因而这一事实足以证明这批古茶树是人工定植矮化处理的产物,绝不是自然长出后经人工实施矮化的产物。此外,这批古茶树的分布很有规律,都是沿着耕地周边生长,而且株距均匀,树冠规模适度。这也可以进一步佐证它们都是苗木定植形成的群落,而且定植后在漫长的历史岁月中还不断得到精心管护和利用,不断加以整形处理,才能得以完好地保存至今。这一情况与专家认定的栽培茶树这一结论恰好可以相互印证。

其二,这批茶树中树冠覆盖面较大的植株,特别是覆盖超过70平方米的特大植株,都位于居民聚落附近,而树冠整齐的植株都位于现有耕地周边的环形土坎上。这一事实足以证明,经营这片古茶树的当地居民已经对这批茶树做出了明确的档次划分,相应的管护技术也做了区别对待。村寨周围的巨型茶树用于生产高规格的茶品,而耕地周边的茶树用于生产通用型的茶品。历史上当地土司所提供的"贡茶",理应出自村庄周边的巨型茶树,而不是耕地周边的普通茶树。这一事实进而可以说明,耕地周边的茶树已经具有了一定程度的商品属性,可以成批量提供给市场。换言之,这里的现成古茶树不仅是茶园栽培的对象,而且其中还包含着高档茶的产出对象。这批古茶树显然与贵州省境内史志所提及的"高树茶"具有性质上的区别。两者之间不能混为一谈。"高树茶"主要是供自我消费使用的野生茶,而这里的古茶树多为市场而经营。据此可知,贵州市场化批量产出的茶叶,其历史上限可以据此上溯到600多年前,也就是与贵州建省几乎同步。

其三,凡是分布在耕地周边的古茶树,一律定植在耕地的保坎上。与茶树伴生的耕地,其地表极为平整,土壤中的残留物均含有湿生植物残株的痕迹,足证这批古茶树伴生的农田大多属于精耕细作的稻田。这在今天还可以找到更有利的佐证,因为这批古茶树中至今还有一部分直接分布在稻田周围的保坎上,而且植株有侧根的主干暴露在地表之上。这样的分布特点和生长样态,同样足以表明,这片古茶林的经营与当地苗族开始从事固定稻田耕作相同步,因为需要利用这些茶树去维护耕地保坎的稳定性能,而不仅仅是出于考虑作为旱生茶树怕水的缘故。

当然,通过这样的调整过后,茶树为了自身的健康成长,也不得不贴近地表舒展其根系,从而导致侧根主干暴露于地表这一生长形态特征。凭借这样的生长样态,这些茶树就能够完好保存至今,绝不能简单理解为一般性的维护和管理的结果,而必须注意到稻田水位控制的必要性。因此,茶树和水稻能够相伴而不相克,其间必然隐含着极其精准的技术操作和精心的调控,才能确保两者共生且稳定延续数百年之久。这又可以进一步表明,当年的茶园经营者管控技术的水平精湛娴熟,对茶树的生物属性把握极为精准。至于很多茶树所包围的耕地,时下已经改做旱地使用。这显然是近几十年来才兴起的现象,而不是茶园经营初期的生产布局惯例。

其四,这批古茶树群落的周边生态环境也具有特异性,大致都是由壳斗科乔木为优势树种形成的混交林。值得注意的是,其中的壳斗科乔木,其树墩至今还保留着多次砍伐留下的痕迹。这已足以表明这些壳斗科乔木,并不是自然长成,而是人工定植并多次砍伐利用的老树,因而这样的混交林是真正意义上的人工次生林,是古茶树群落的伴生群落。每一片古茶树都是被分块包围在这样的混交林之中。这样一来,生长在其间的古茶树,可以免受好氧型、喜阴型微生物的威胁,而厌氧型的微生物由于受到了稻田伴生微生物的节制,也很难对古茶树构成威胁。这些古茶树能够健康存活数百年,同样得益于人造次生生态环境的保护。总之,这片古茶树林的长期存活,乃是人工技术控制的产物,而不是纯自然生长的结果。

其五,在茶园周边,人工种植壳斗科乔木,还有更深层次的技术考虑。这是因为加工茶叶所需的燃料需混交林提供,因而不能将这片古茶林作为独立单元孤立地加以探讨,而必须高度关注古茶树林与周边生态环境的和谐匹配关系,才能足以解释这片古茶树林能够保存至今的历史成因。由田野调查获知,当地各族居民经营壳斗科人工林,其用途具有多重性,既可以用来放养柞蚕,又可以收集种子做猪饲料使用,还可以砍伐树干,制作木炭。上述各种利用过程中都要对壳斗科乔木实施定期的间伐,间伐后还要通过火焚和涂抹米浆的方式,促进树墩再生成材。这一调查结果,恰好与现成的古青冈树的树干基部保留有多次砍痕相互印证,足以证明这些壳斗科次生林,其实是古茶树群落的伴生群落,也是茶园的有机构成部分。

上述五个方面显然是历史文化积淀的结果,同时也是探求历史成因的关键依据。以下将就这片古茶树群落的生长区位,展开历史维度的探讨,以期揭示古茶树群落长期稳定存活的社会文化成因。

二、久安地区的历史沿革

久安古茶树群落所处的地理区位,恰好位于乌江水系两大支流的分水岭上,东面的支流被称为(西)清水江,西面为猫跳河。这两条支流的名称,在明代的地方志中均有记载。(西)清水江的上源,位于今花溪区党武乡与平坝区林卡之间的冷水冲山岭,发源后向东偏北流入贵阳市区,被称为"马路河"(旧称之为"尤爱溪")。在今花溪区石板的花街东北部,与发源于清镇市中八农场的慈姑塘的慈姑水汇合,并改称为"三岔河"。然后继续东走,至于花溪区济番桥处,始称为"济番河"(又名"花溪河")❶,最后向北偏东流过明代贵州省省会贵州城下,并于明万历年间改称为"南明河"(又称"南门河")❷,然后再向东北流经龙里县北部,由从南流向北部的洗马河汇入,称之为"脚渡河",从龙里县东北部与开阳县和福泉市的交界处流出❸,称之为"西清水江",并在今福泉市内与乌江汇合❹。(西)清水江与贵州东部的清水江不是同一条河,不能相混,因而在此特意加注称为"(西)清水江",以免读者误解。至于猫跳河则发源于今安顺市东南角的黄腊乡,流出

❶ 贵阳市志编纂委员会.贵阳市志·地理志.[M].贵阳:贵州人民出版社,1986:73.

❷ 贵阳市南明区地方志编纂委员会.贵阳市南明区志(上)[M].贵阳:贵州人民出版社,2008:84.

❸ 贵州省龙里县地方志编纂委员会.龙里县志[M].贵阳:贵州人民出版社,1995:10.

❹ 贵州省福泉县地方志编纂委员会.福泉县志[M].贵阳:贵州人民出版社,1992:124-126.

黄蜡乡后一直向东偏北流去。由于河床处在高山峡谷之中，两岸山崖矗立，连老虎都可以跳过，为了避讳提到老虎的名字，所以称为"猫跳河"，明、清地方文献又称之为"滴澄河"❶。这条河的中游河床目前已经修建了红枫湖等一系列水库，河床的原始地形已经彻底改观，变成了库区湖面。其下游则流入了乌江，而久安乡古茶树群落所在的山区，则处于上述两条乌江支流上游的分水岭。

这一地理区位及其周边地带，虽说早在公元前就进入了中央王朝的统治区域，并载入了《汉书·地理志》，该地在当时属于牂牁郡的辖境。然而，当时的记载极为粗疏，这一地理区位到底属于牂牁郡所辖的哪个县的辖境，或者是否属于与牂牁郡并存的夜郎国的辖境，则不可详考。不过，在与久安乡隔猫跳河相望的平坝区境内，20世纪50年代的考古发现了大批西汉年间的汉族墓葬，可资作证久安乡地区确实进入了汉代牂牁郡的辖境内。当然，在两汉时代不要说少数民族，就是汉族也没有饮茶习惯，因而这里的现成古茶林肯定与两汉时代无关。当时的西汉王朝能够从这一区域获取的财富仅限于马匹和奴隶而已。当地的汉族官员和军队都得靠自己耕地养活自己。据此推测，当时的原始丛林中肯定有野生茶树生长，这些野生茶树肯定是专家所说的中小叶茶树的原种，但在两汉时代人们没有对茶叶加以利用。

其后兴起的三国、两晋和南北朝时期，时间跨度超过了三个多世纪，但这一地理区位包括整个西南夷地区与中央王朝处于脱控状态，《史记》的相关记载均不可考，当地是否开始利用茶树也不得而知。

进入唐代后，李唐王朝曾经在这一地理区位的周边地带设置过羁縻牂州和庄州，但也未提及有关茶叶进贡的事宜。此外，《新唐书》和《旧唐书》还提到了"牂牁蛮""东谢蛮"、矩州、南宁州等地理和行政名称，对当地居民的生活状况也有一定的涉及，曾明确提及当地居民种植"秧稻"为生，但狩猎采集的风气十分盛行，还饲养大量牲畜，以至于结婚时的聘礼要支付数十头牛马。这样的生产方式当然不需要种茶，也不可能饮茶。基于以上事实，至少可以认定，久安乡古茶林的形成肯定是唐代以后才可能兴起的事情。

进入宋代后，朝廷在这一地理区位的周边地区设置了"五姓番""七姓番"，但

---

❶ 林浩.猛虎传说与猫跳河[N].贵州都市报数字报，2012-11-05（D06）.

这些羁縻州与朝廷的关系尚处于时断时续的状态。当然,现存史料中也未能查到上述各羁縻地上贡茶叶的明确记载。这就足以佐证直到宋代当地尚未出现栽培茶树的经济活动事实,因而相关专家认定,久安古茶树最老树龄不超过600年的论断与历史记载相符合,也与当地技术实测的树龄可以相互印证。也就是说,这片古茶林的规模化种植,只能是明朝正式设置贵州省后才可能形成。

三、久安古茶树群落的形成与延续

元朝在上述地区设置了八番顺元蛮夷官,主要与布依族人群打交道。不过,随着开发的深入,从事游耕生计的苗族和仡佬族开始引起朝廷的关注,苗族中的一个地方势力得以脱颖而出,被朝廷委任为金筑安抚使。进而设置了金筑府和相关属县,从而奠定了明代金筑土司的基本建制。而久安古茶树群落正好处在金筑安抚司的领地范围之内。在整个元代,金筑安抚司势力对朝廷的贡品包括马匹、雨毡和蛮刀[1],但却没有关于茶叶的进贡记载。这足以证明,久安古茶树群落所在地的主体居民苗族和仡佬族,直到元朝即便是有茶树种植活动,但还没有形成规模,更没有引起朝廷的重视。但从八番顺元路属下已经有了茶山、百纳之地名[2],完全可以证明当时的黔中苗族地区,已经有了茶树经营这一经济活动事实。元朝末年金筑安抚司一度归顺了明玉珍所建的大夏政权,并于洪武四年(1371年)大夏政权覆灭后,金筑土司随即归顺了明廷。受朱元璋委任,金筑土司密定出任了金筑长官司长官。从洪武五年(1372年)到洪武十四年(1381年),朝廷忙于准备西征云南,因而对黔中地区的控制只能低调处理,仅设置了贵州卫和普定卫,对当地的各土司则坚持"西南夷来归者,即用原官授之"的原则,委任他们充任各级土司,代表朝廷统辖当地各族居民。

金筑长官密定却能抓住机遇,主动向朝廷进贡军马五百匹,从而引起了朱元璋的重视[3],以至于西征云南成功后,该土司被破格委任为金筑安抚司,并得到了朱元璋的重赏,从而成了在黔中地区影响深远的中级土司。其影响之大,从以下

---

[1] 脱脱. 元史(卷一六):世祖纪十三[M]. 北京:中华书局,1976:340,359.

[2] 脱脱. 元史(卷六三):地理志六·八番顺元蛮夷官[M]. 北京:中华书局,1976:1545.

[3]《明太祖实录》卷一百六十一[M]. 影印本. 上海:上海书店,1982:2495.

几件史实可见一斑。

为了强化对黔中地区的军事控制,明廷在黔中增设了贵州前卫❶,而这一新建卫所的设防区有很大一部分处在金筑安抚司的领地内。其中,久安古茶树群落的所在地就设置了贵州前卫属下的一个百户所。首任百户名叫刘士连,因而这一百户所的防区在明代时就被称为刘士连。这个名称也就成了久安乡的明朝时的古称。这一兴起的军事建制具有深远的历史意义。久安古茶树群落所在地至此之后开始成了汉族和苗族的杂居地,从而为茶树的规模化经营建构了理想的跨文化的社会背景。

贵州前卫的设置还引发了另一件民族格局的变动。金筑安抚司原有的治所位于斗篷山,具体位置在今花溪镇以南的山区,由于所处位置正好处在从贵州城通向八番各土司的交通要道沿线,对贵州前卫的驻军布防影响较大,金筑安抚土司密定主动向朝廷表明其意愿,愿意将相关领地租借给朝廷驻军之用。租借范围除了斗篷山,还包括桐木岭(又称独木岭)、青岩。而密定将自己的治所西迁到杏林峰,其旧址位于今长顺县广顺镇西南山中,其废弃的遗址至今尚存。❷这一治所的迁移,同样引发了大量的汉族卫所屯军定居于该土司领地内,与当地的苗族稳定杂居。

明廷西征云南大获成功后,朝廷才得以完善黔中地区的行政建制,其中最主要的举措乃是核定当地各土司的贡赋额度。核定结果为,金筑安抚司的贡品,包括茶叶和马匹两大项目,税赋则极低,全境仅缴纳五百担粮食。这样的贡赋配额,最终推动了久安古茶树群落的定型,并派生出了茶树与稻田相穿插的种植格局。

至于金筑安抚司为何要将产出贡茶的茶园设置在刘士连的百户设防区,显然是出于交通便利的考虑,也兼顾了借助驻军的军威保护茶林的需要。至于金筑安抚司贡马的养马场则安排在今广顺镇以西的疏林草地,其旧址至今尚可辨认。至于金筑安抚司贡米的来源地,则分布于从花溪到青岩的沿线地带,也是实施汉族屯军与当地苗族耕地的交错配置,既有利于向朝廷缴纳粮食,又得力于屯军的武装保护。其经营规制与经营茶园和养马场相似。整个明代金筑安抚司的

❶《明太祖实录》卷二百十一[M].影印本.上海:上海书店,1982:3136.

❷《贵州通志》卷一,《建置沿革》,明嘉靖刻本。

贡茶额度，郭子章《黔记》一书有较为可凭的记载。❶

明永乐十二年（1414年），明廷正式设置了贵州行省，省会设置在贵州城，即今天贵阳市的中心城区，金筑安抚司的行政统辖关系，也由贵州前卫实施军管，改由贵州行省直辖，但其间还发生了一个插曲。当时镇守贵州的名将镇远侯顾成，曾向永乐皇帝建议，让金筑安抚司统辖的土兵与贵州前卫和贵州驻军实施混合编制参与操练。尽管这一建议与土司制度的有关规定相违背，未获得朝廷的采纳，但金筑安抚司所辖土兵最终还是获得了批准，掌管了贵州城周边地区十多个哨所的巡逻防卫任务，因而这一插曲不能简单地理解为顾成心存私念，而应当正确地理解为金筑土司在黔中地区政治格局中声望显赫所使然。

在明代的中后期，久安古茶树群落曾经遇到过三次重大的行政建制调整，尤其是第三次调整引发了当代学人的困惑，因而有必要详加说明。

第一次发生在明成化年间，明廷正式设置了程番府，金筑安抚司也随即由贵州省直辖，联同其下属三个长官司，一并拨归新建的程番府代管。但金筑土司的领地和政治待遇未做任何改变，其贡茶和经营贡茶茶园的职能，未受任何触动。

第二次是隆庆三年（1569年）朝廷将程番府改建为贵阳军民府。金筑安抚司及其下属三个长官司，也随即改由贵阳府代管，其性质与前一次调整完全相同。

第三次是万历四十年（1612年），金筑安抚司末代安抚使金大章自愿向朝廷申请"改土归流"，明廷就其领地改为广顺州，作为贵阳府下属州，万历皇帝钦赐州名，并于此处建立里甲建制。久安乃是其中的一个里。另一个值得提及的里，称为"首善"。该里虽编制了里甲，但其财政收入不上交国库，而是用于金大章及其后继者的生活费。久安里的茶园同样由金氏家族掌管，并提供贡茶。值得注意的是，不管是称为"久安"，还是"首善"，这些地名都以表彰该土司自愿"改土归流"的善举有关。

当代读者由于不了解土司制度，总不免疑惑：既然实施了"改土归流"，那么土司经管的茶园肯定要遭遇重大的冲击，当代保存下来的古茶树群落也许仅仅是早年茶园的一小部分。但这样的疑惑与史实相违背，原因在于"改土归流"本

❶ 郭子章：《黔记》（一），卷十九，《贡赋志上》，万历三十六年刻本，1966年贵州省图书馆复制油印本附校勘记。

来就是土司制度下依法管理土司的常态举措。❶"改土归流"仅仅是依法接管土司领地,终止了土司的行政职能,但并没有剥夺土司的政治身份,尤其是志愿"改土归流"的土司,朝廷还要特意优待。❷具体到金筑土司而言,金大章及其后继者还拥有贵族身份,而且还继续充任广顺州的土知州,其原先的贡茶、贡马职责,依然照例延续。但由于领地被朝廷接管,税赋改由新建的广顺州承担而已。

明白了这一实情后就不难理解,久安古茶树群落在明代得到稳定延续的背景所在。它完全是由土司直辖并得到地方政府和卫所军队保护的贡茶生产基地。行政归属的变动由于始终坚持了土司制度的法制规范,因而不会受到外来社会势力的冲击。

至于这片茶林的经营主体是谁,相关正史的记载告缺,但从经营的需要中依然可以推测得知。推测的依据包括下述三个方面:一是刘士连百户所的屯军及其家属实施屯田的职能,是种田自给,并不承担贡品缴纳职能,因而从管理规则上看,他们根本无须经营贡茶的茶园,镶嵌在茶园中的稻田则是由屯军家属去经营。这既能满足他们的自给需要,同时也是他们经营的强项。经营茶园的职能肯定是交给金筑土司管辖的苗族居民去完成。二是卫所屯军按照定制都需要操练出征,仅是在空闲时间与家属一道耕田自给。耕田仅是业余活动而已,而经营茶园则需要不断地修正维护和采收加工,卫所屯军根本没有时间从事这样的劳作。三是经营贡茶茶园需要特殊的技术,更需要充沛的劳动力补给,因而经营贡茶茶园也只能由苗族民众去承担。而贡茶之余的茶园其他产品,也自然成了苗族居民的收入来源之一。

有鉴于上述各种理由,久安古茶树群落所产的优质茶叶称为久安茶欠妥,最好规范称为"金筑贡茶",这样才能贴近这种优质茶的由来及性质,而且够切实地反映这种优质茶与土司制度的关联性。总之,久安古茶树群落的定型,是金筑安抚司与卫所屯军相互支持的成果,其后的延续则是朝廷相关制度支撑的结果,因而这片古茶树群落形成的时间,确定为明代初年史实依据可靠,而且与今天的实测树龄又能古今印证。这片古茶树群落确属难得的优秀农业遗产,理当毋庸置疑。

---

❶ 杨庭硕,杨曾辉."改土归流":土司家族政治命运的转型[J].中央民族大学学报(哲学社会科学版),2011,38(6).

❷ 吴永章.明代贵州土司制度[J].贵州社会科学,1983(6).

四、古茶树群落在清代和民国年间的传承与延续

金筑安抚司志愿"改土归流"后不到十年,贵州境内的水西彝族土司发动了叛乱,这次叛乱史称"奢安之乱",叛军在围攻贵州省省会贵阳城的同时,也攻陷了广顺州。明崇祯八年(1635年),"奢安之乱"彻底平息,金氏家族继续充任土知州,理所当然地也继续承担贡茶的生产和上贡使命,这片古茶园照常得到了稳定的经营和延续。

大明王朝灭亡后,云南、贵州、广西三省一度被农民起义军所占领,但不久后,南明小王朝正式接管了两省,基于统治体制的延续,金筑土知州按照惯例依然由南明王朝统辖,延续到清顺治十五年(1658年)为止,该土知州才正式归于清朝统辖。其间虽然经历过吴三桂的叛乱,但"三藩之乱"平定后,原有体制依然得到了延续,直到清雍正年间,末代土知州金式美,"(康熙二十三年)因议叙土司案内不准承袭"❶。

总之,在这样一段特殊的历史时期,虽然政局多变,战争几乎年年不断,但是金氏族家族经管贡茶一事却得到了稳定的延续,其原因全在于金氏家族自愿"改土归流"的"善举"一直得到历代朝廷的赞许,并按相关的制度提供了充分的保障,最终才使这片古茶林未受到过严重的冲击。

清廷接管贵州之初,由于国内政局尚未稳定,在全国无法实施大规模的清查和丈量。因此,朝廷对赋税徭役的征收大致是以明万历四十五年(1617年)为依据,对云贵等土司地区而言,则是沿袭明代的体制,几乎未作改变。对叛乱的土司则没收其领地,用于嘉奖立功的将士。金筑土司在整个清代,并无叛乱劣迹,因而对广顺州境内的赋役征收几乎未作改变。不过,如下两项行政建制改革,对这片古茶林而言,确实发生过不容忽视的影响。

其一是雍正"改土归流"至今,随着广顺土知州这一职位的终结,贡茶的经营也随之改为广顺州经管,管理的质量很难得到有效的保障,而贡茶的质量更受到严重的影响。

其二是"改土归流"后,汉族的民间移民由于得到朝廷的鼓励,大量定居广顺州境内从事各种生产活动,偏巧久安地区产煤,不少汉族移民都靠采煤而发财,

❶ 参见(乾隆)《贵州通志》,卷二十一,《土司》,清乾隆六年刻,嘉靖修补本,收藏于贵阳市档案馆。

这对茶园的冲击非常大,以致到了清代中叶,官方不得不发令禁止在久安采煤,不过虽有这样的禁令,但盗采之风很难禁止,由此对茶园构成的冲击也就可想而知了。换言之,正是因为这个地区的煤矿资源被发现和大规模开采,而且盈利空间大,获益又快,因而人们的视线迅速转移到了煤矿资源身上,而将这片茶树林逐步淡忘。正是因为这样的历史机遇,才使得这片茶树林能够保存到了今天。

尽管上述两种行政制度的变化对这片古茶林都造成了难以挽回的损失,但因茶叶的国内市场需求量大,又是广顺州的税收来源之一,因此即便所产茶叶的质量有明显大幅度地下降,但低档茶叶的产出反而有所增加,以至于这片古茶林并未受到致命的打击,得以传承至20世纪初。明清两代地方志有关贡茶的记载,可以从另一个侧面折射这片古茶林的不同遭遇。

在明代,土司区的贡茶都属于土司直接经管,因而金筑安抚司的贡茶数额和周边其他土司一样,但清代成书的(清康熙)《贵州通志》、(清乾隆)《贵州通志》和《贵阳府志》却均无土司贡茶的记载,而《清史稿·食货志》则又明确记载对茶叶实施免税❶,因而未载入税赋之中。

综合分析后发现,清代是将茶叶列为免税对象,对茶叶的征收、国家用茶,特别是涉及番部的交易用茶,全部交由朝廷专门委任的商人经办。明代的贡茶数额,凡属宫廷需要者则责成地方官监管,但采办之责,依然由专门的商人操办,即《清史稿》所总结的"明时茶法有三:曰官茶、储边、易马"❷。换言之,朝廷对茶叶的供销掌控,全凭由官方发放茶引,责成商人独立承办。在这一新的管理体制下,久安的古茶林,虽然交由商人去收购,但茶叶依然是国家掌控的重要战略物资,其主要功用依然是作为交换军马的重要物资,因而得到了保护和经营。不过专门生产高规格产品的社会保障机制却不存在了,清廷在此处得到的贡茶,仅是商人收购到的茶品种品质最好的而已,其实际品质肯定比明代贡茶要低档得多。这一巨大的变化,标志着久安古茶树林从专门经营高档贡茶为主,转向了市场化的批量经营。尽管经营的取向发生了重大变化,但茶叶在国家大政中的地位并没有发生变化,领导茶饮收购茶叶的商人们,为了确保茶叶质量的稳定,对久安古茶树群落这样的产茶基地,同样会给予严密的掌控,而相关地方官也必须做出

❶ 赵尔巽. 清史稿(卷一二四:食货志五)[M]. 北京:中华书局,1977:3651-3662.

❷ 赵尔巽. 清史稿(卷一二四:食货志五)[M]. 北京:中华书局,1977:3651.

积极的支持和配合,才能确保这一战略物资的产出和影响。因此,类似古茶树的基地,在清代同样得到了有效地保护和高效的利用。实质性的差别主要表现为,早年专门生产贡茶的古茶树虽然依然存在,而且还能继续产出较高品质的茶叶,但终因失去了"贡茶"这一名称的光环,不管是管理者、经营者,还是加工者,都肯定不会像此前那样精心对待,其质量的下降也就无法避免了。但这却是符合清代产业生产管理大局需要的结果。久安古茶树在延续中突出的特点仅在于其规模较大,产量大而集中,产地又贴近交通线,因而在清代其受到的管理和保护力度比之于其他产茶区而言要强得多,而这正是这片古茶树林在整个清代得以延续产出的特殊之处。

清代后期,随着国内、国际政局的巨变,再加上"洋务运动"兴起,最终使原先带有神圣韵味的金筑贡茶变得更加世俗化,在商人追求利润的驱使下,专门生产贡茶的古茶树和一般茶树的等级分列变得越来越模糊。经营茶叶的茶农,为了经营和管理的方便,开始将居民住宅区迁徙到这片古茶树群落中来,最终使原先专供贡茶使用后的数百年古茶树被摆位在村寨居民住宅之中。这一结果的好处在于,这批珍贵的茶树得以保护,弊端在于居民住宅与这批优质茶树的并行肯定会影响这批茶叶的茶质。民国年间,金筑贡茶之名依然在沿用,但产出贡茶的优质茶树和产出的茶叶质量与明代时已经变得大不一样了。

总而言之,久安古茶树群落确实是一片人工栽培的茶园的历史见证,这片茶园经营的时间长达600余年,其间虽然政治时局多变,但有幸的是,由于明清两代对茶叶生产的高度重视,使茶树群落稳定延续至今,并在今天成了一项珍贵的优秀农业遗产,等待我们去加以发掘、认识和利用。❶

五、优秀农业遗产的当代价值

联合国粮农组织启动了优秀农业遗产申报立项保护行动,这项活动对保护现成优秀农业文化遗产具有积极作用,因而得到了有关国家的支持和拥护。中国政府以国家名誉立项的项目,到目前已多达60余项,在世界范围内处于领先

---

❶ 刘辉. 花溪久安古茶树入选中国重要农业文化遗产[N]. 贵阳日报,2015-12-02(A03).

水平。❶但若以久安古茶树为例,如下三个重大理论问题值得深思。

其一,联合国粮农组织对申报立项的对象做了明确规定,仅接受目前处于传承状态的优秀农业遗产,而且必须具备食物与生计的安全、效益的最大化、社会凝聚力、社会与文化多样性、公共产品、传统知识、人与自然关系,乃至其他的系统性服务。❷然而,任何意义上的优秀农业遗产,都是各民族文化同时适应所处生态环境和社会环境的产物,使它们成为民族文化系统和生态系统双方都不可或缺的一员。❸生态环境在历史进程中变幅不大,但所处社会环境的变动就很大,而且难以预料其结果。具体到茶叶生产基地而言,见诸史册而今天不留痕迹的为数不少。就这个意义上说,久安古茶树群落和普洱茶堪称幸运,而其他的产茶基地则消失在历史长河之中。如果仅对现存者立项保护,显然远远不够,按理已经消失的农业遗产,也需要发掘利用,才能满足当今生态文明建设的需要。

其二,社会环境的巨变,甚至是细微的变动,都可能引发优秀农业遗产的技术的变动和产品质量的波动,久安古茶树群落的沧桑岁月可以为此佐证。今天,即令恢复了"金筑贡茶"这一品名,其产品质量也今非昔比。这就为农业遗产的保护提出了尖锐的理论难题,即光保护还是远远不够,还要结合农业史、生态学和人类学发掘其原有的技术规制,复兴其产品质量,维护其所需的生态背景,才能实现传承优秀农业遗产的优秀使命。这显然是对优秀农业遗产保护的全新理论课题,值得学术界给予充分的关注,去深化其认识。

其三,对遗产的运用价值目前还存在着不少的误区,其中经典进化论的线性进化观影响深远,不少人至今还认为古代的技术工艺产品质量,必然低于当代的同类产品,对茶叶的认识就是如此。但久安古茶树群落,有关历史记载却足以表明,作为贡茶生产的金筑贡茶,其质量远远超过当代产品的水平。其原因全在于,没有现代科学技术支撑之前的优质产品,完全是凭经验和相应的制度保障而得以完成的,因而也是现代科学技术无法替代的。传统的本土知识技术和技能,

---

❶ 参见《中国重要农业文化遗产实录》,http://www.moa.gov.cn/ztzl/zywhycsl/.

❷ 闵庆文. 全球重要农业文化遗产评选标准解读及其启示[J]. 资源科学,2010,32(6).

❸ 杨曾辉,谭卫华. 论我国南方丘陵山区扩大种植各民族传统特优农林产品的生态维护价值[J]. 贵州大学学报(社会科学版),2013,31(1).

其科学性和合理性本身不容置疑,但要认识这样的科学性和合理性,却需要做很多的探讨工作和实验佐证,如果经典进化论的残留得不到清算,那么与此有关的理论建构就很难启动。

上述三个方面显然是今后农业遗产保护不容回避的重大课题。

当前,贵州已经成了全国知名的产茶大省,但茶叶生产的效益却远远低于全国各产茶省。●例如,名品的确认远远跟不上现实社会的需要,相应的技术规程也显得杂乱无章,品质的认定更是缺乏统一,以致所产的茶叶只能作低价销售。●久安古茶树群落的发现,对贵州的茶叶生产提供了一个很好的契机,将这样的农业遗产,申请国际保护并组织科研力量展开深入的探讨和研究,那么这片古茶树群落肯定可以为贵州茶叶生产的振兴提供一个绝好的开发对象和机遇,其应用价值将无可限量。

● 贵州,从茶产业大省向强省迈进[N].贵州日报,2014-07-16.

● 杨安辉.着力品牌建设全方位培养消费目标群——对贵州茶产业发展的思考及建议[J].当代贵州,2015(14).

基于CiteSpace的国内茶文化研究状况与热点分析*

崔海洋　肖艳栩　章正浩

摘　要:本文基于文献统计分析方法对近五年国内茶文化研究状况及当前该领域研究热点进行分类分析,发现茶文化相关主题研究文献数量在2009—2015年呈现平稳缓慢增长,尤其是2015年后增速明显加快;热点词聚类标签涵盖了茶文化研究的大多数领域,但研究程度不平衡;"旅游资源"是强度最强的突现词。"英译"是最新的突现词,表明茶文化研究具有政策指向和满足发展需求的特点。本文通过国内茶文化研究状况与热点进行可视化分析,以期大力弘扬茶文化,促进中国茶文化交流。

关键词:茶文化　文献统计分析　研究热点　CiteSpace　提供参考

一、引　言

中国是世界上最早饮茶的国家,饮茶历史悠久,有着丰富的文化底蕴。茶文化是茶与文化的有机结合,意为饮茶活动过程中形成的文化特征,是中国优秀传统文化的重要组成部分。中国茶文化是根植于中国的传统哲学文化,起于全民尚茶,在唐朝时期正式形成❶,糅合了佛、道、儒诸派思想,独成一体,历史悠久。近年来,国家意识到在国际文化交流中茶文化的重要性,多次发布相关文件要求做强茶产业,弘扬中国茶文化。目前,全国正迎来文化大发展的时机,中国茶产业应该抓住这次千载难逢的机会,助力中国茶文化步入发展的繁荣期,实现我国茶文化发展的重大转型。与此同时,社会各界也给予了高度重视,学术界涌出了大量研究成果。因此,为了更好地指导下一步茶文化发展,及时分析与总结我国现阶段茶文化研究状况十分必要。

　＊本文发表于《贵州大学学报(社会科学版)》2018年第6期。

❶ 张进军.中英茶文化比较及对中国茶文化传播的启示[J].世界农业,2014(8).

近年来,虽然国内以茶文化为主题的研究成果颇丰,如茶文化旅游发展❶、茶文化产业发展❷、茶文化产业知识产权保护❸、茶文化史❹、茶文化国际交流❺等,但基于CiteSpace软件对该领域研究状况、研究热点等可视化分析的文献则相对较少。因此,对国内茶文化研究状况与热点进行可视化分析,能够对现阶段茶文化的发展状况进行梳理,发现我国现阶段茶文化研究进程中存在的问题,为我国弘扬中国茶文化的背景下进一步明确茶文化的发展方向,促进国际茶文化市场的交流。同时,对于我国进一步推动茶文化与茶产业现代化具有十分重要的意义。

本文基于CNKI数据库,运用国际新兴的科学知识图谱绘制的可视化工具(CiteSpace),结合常规统计方法,并使用自带的连接点强度、热点词聚类与热点词变迁等分析方法,能够更加形象地展示出国内茶文化研究状况与热点,以便更好地掌握该领域的研究状况,找准存在的问题,为积极稳妥地推进我国茶文化发展提供参考。

二、分析数据和工具

1. 数据来源与处理

本文研究数据来源于SCI源期刊、EI源期刊、CSSCI、核心期刊,下载于CNKI数据库,筛选主题设置"茶文化",设置文献类型为"期刊",对目录、会议、访谈、征稿通知、新闻等无效数据进行筛选后,得到5988条文献记录作为基本数据,数据检索的时间范围为2014—2018年,数据下载日期为2018年6月25日。将上述数据库得到的数据导出格式设置为RefWorks,并以TXT文档格式导出,命名为CiteSpace可识别的文件名称,并使用CiteSpace自带的数据转换器进行处理。在

---

❶ 陈小媛. 新昌茶文化旅游现状分析[J]. 中国茶叶,2018,40(9).

❷ 何一民,李琳. 传承中华茶文化 助推茶文化产业发展——以雅安为中心的研究[J]. 中华文化论坛,2018(7).

❸ 官玉琴,夏良玉. 茶文化产业知识产权保护若干法律问题探讨——以闽茶文化创意产业为例[J]. 福建农林大学学报(哲学社会科学版),2015,18(2).

❹ 施由明. 论湖州在中国茶文化史上的贡献[J]. 农业考古,2017(5).

❺ 王旭烽,温晓菊. 论"一带一路"国际交流中的茶文化呈现意义——以浙江农林大学茶文化学院茶文化实践为例[J]. 中国茶叶,2016,38(7).

运行时,使用最小生成树(Minimum Spanning Tree,MST)算法,可对科学文献引文共引网络的路径进行分析和处理,通过显示并聚类高频主题词来确定国内茶文化近几年的主要研究领域和研究热点。

2. 分析方法与工具

CiteSpace是美国德雷塞尔大学陈超美博士与大连理工大学联合开发的科学文献分析工具,是用来计量和分析科学文献数据的可视化Java程序软件,可用来探测出学科研究前沿随着时间相关的变化趋势,以及研究前沿与其知识基础之间的关系,发现不同研究领域前沿之间的内部联系,并以可视化的图像直观地展现出来,以便增强人们对抽象信息的认知。在创建新项目之前,需要制定两条路径,确保项目存储路径可以在CiteSpace运行过程中找到所保存的图谱及输出的文件。

CiteSpace绘制的可视化科学知识图谱是由不同颜色的节点和联系组成的共引网络,其中,不同的颜色是CiteSpace软件本身根据所输入数据的时间范围以及使用者设定的时间间隔而自动生成的不同年份的代表;节点向外延伸的圆圈用来描述引文的时间序列;圆圈的厚度正比于相应年份的引文数。❶因此,相应年份的节点越大,就代表被引次数越多。

本文依靠软件自身的连接点强度、热点词聚类与热点词突现等分析方法,其中,热点词聚类表示关键词在文献时间区间内的研究热点,链接强度表示机构之间的互动性强弱。通过对关键词在不同时间区间内的检测,可以揭示不同时期的研究热点及热点的变化趋势,为预测茶文化的发展走向提供科学合理的依据。

三、"茶文化"的文献统计分析

1. 文献产出时间分布

衡量不同学科领域研究发展的重要指标之一便是文献数量的变化情况,它可以在一定程度上反映某一领域的兴起、繁荣、衰落等不同阶段。据文献数量年度分布情况绘制文献分布曲线,其中,文献数目统计开始时间为2009年,之前用虚线表示;而2018年文献数目截至2018年6月20日,因此也用虚线表示(见图

---

❶ 陈超美,等. CiteSpace知识图谱的方法论功能[J]. 科学学研究,2015,33(2).

1）。庄晚芳在《中国茶文化的传播》一文中提到，茶叶是贸易中重要的商品，茶文化与人生、政治经济、教育温升、科学技术和文艺等都有极为密切的关系，茶的传播也就是中国文化的传播。❶之后，茶文化的理论研究进入萌芽期，开始慢慢发展起来。2009年的中央一号文件第一次出现茶和茶产业之后，对茶文化的研究逐渐得到重视，文献研究数目缓慢增长，我国茶文化研究开始进入缓慢增长期，直到2015年结束。2016年相关文献与上一年相比增长一倍之多，数目高达2919篇，2017年文献发表数量接近4000篇，截至2018年6月，文献发表数目就已达到2017年总数的65%。由此可见，2016年至今，我国茶产业发展一直处于黄金增长期。而自2016年开始，国家越来越重视茶文化及茶产业的发展，多次发表相关文件支持茶产业发展，例如，2017年的中央一号文件明确提到要大力发展茶产业、弘扬中国茶文化。在"一带一路"弘扬中国茶文化的背景下，茶文化的专业建设与茶产业发展相互依存、互相影响，国家对茶产业政策的扶持，使更多的人重视到茶文化对茶产业发展的重要性，大大推动了中国茶文化研究的发展。

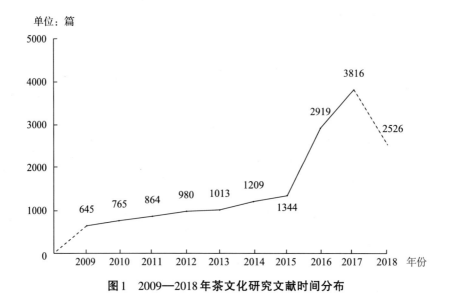

图1　2009—2018年茶文化研究文献时间分布

---

❶ 庄晚芳. 中国茶文化的传播[J]. 中国农史，1984（2）.

2. 高被引文献分布

从表1中可以看出,以茶文化为主题被引用频次最高的文献是《中国茶文化旅游资源现状、特性及开发思路》,被引频次高达97次。该文献通过对我国茶文化旅游资源现状,分析了我国茶文化旅游的大众化群众性、区域化集中性、多样化丰富性、人性化传承发展性及休闲体验性等特性,提出了茶文化旅游的开发思路。❶排名第二位的文献是《茶文化旅游与茶叶经济发展》,其提出茶文化旅游使茶产业带动旅行,旅游又促进茶产业升级,提高茶产业的附加值,普及茶知识,促进茶叶消费,推动茶经济的发展。❷排名第三位的文献是《茶文化旅游:一种新的文化生态旅游模式——以云南茶文化生态旅游为例》,该文献从旅游资源、发展模式和发展战略等方面论述茶文化,以及茶文化的自然生态文化背景,进一步阐述茶文化旅游中的生态观。❸由表1可见,高被引文献大多从茶文化旅游视角为茶文化和茶产业的发展献计献策。

表1　茶文化研究的高被引文献分布表

序号	作者	被引频次	被引频次最高的文献
1	朱世桂、房婉萍	97	《中国茶文化旅游资源现状、特性及开发思路》
2	林朝赐、张文文	93	《茶文化旅游与茶叶经济发展》
3	李维锦	78	《茶文化旅游:一种新的文化生态旅游模式——以云南茶文化生态旅游为例》
4	文南薰	74	《茶文化旅游产品组合性开发研究——以普洱茶文化旅游产品开发为例》
5	余悦	72	《中国茶文化研究的当代历程和未来走向》
6	王京传、赵修华	65	《我国茶文化旅游的发展》
7	宗敏丽、祁黄雄	63	《茶文化旅游模式研究及开发策略——以浙江顾渚村为例》

❶ 朱世桂,房婉萍,张彩丽.我国茶文化旅游资源现状、特性及开发思路[J].安徽农业大学学报(社会科学版),2008(3).

❷ 林朝赐,张文文,刘玉芳,等.茶文化旅游与茶业经济发展[J].中国农学通报,2008(2).

❸ 李维锦.茶文化旅游:一种新的文化生态旅游模式——以云南茶文化生态旅游为例[J].学术探索,2007(1).

四、"茶文化"研究热点

1. 热点词聚类分析

将通过聚类得到的轮廓值按大小顺序排列,结合子聚类进行具体分析,再从聚类名称得到热点词所包含的相关信息,能够更为深入和全面的分析各聚类名称所包含的具体内容(见表2)。

表2 茶文化研究的热点词聚类表

轮廓值	聚类编号	聚类名称	子聚类名
0.552	#5	发展	传承、品牌塑造、生态美学等
0.998	#7	茶业	茶道精神、茶产业链、茶元素文化、运行机制等
0.755	#6	中西茶文化	中西差异、中英茶文化、茶学英语翻译等
0.619	#2	思想政治教育	教学、茶思维、茶道文化等
0.818	#0	英译	英语翻译、英国茶文化、"一带一路"、文化资源等
0.673	#3	应用思路	传统文化、音乐教育、大学生传统文化教育等
0.542	#1	运行机制	茶艺表演、融合机制、商务茶馆、管理思维等
0.645	#4	价值理念	价值思维、文化内涵、茶馆设计、茶文化背景等

(1)聚类#5的标题是"发展",包含"传承"等子聚类。中华人民共和国成立后,在党和政府的高度重视下,我国茶产业及茶文化有了长足的发展。党的十八大以来,以习近平同志为核心的党中央将文化建设纳入"五位一体"布局和协调推进"四个全面"战略布局,中国茶文化是具有中国特色的文化内容,在世界文化体系中具有很大的竞争优势,发展中国茶文化,既与全球化发展趋势总体适应,又与茶文化发展的国情、地情相吻合。❶茶文化是中华民族传统文化形式之一,思想体系深厚,传承着我国浓烈的爱国主义思想。❷要发展茶文化,就需要树立独特的茶文化品牌,并在消费者心目中有良好的茶文化品牌形象,打造基于消费

---

❶ 龚永新,黄亮,张耀武.中国茶文化发展的历史回顾与思考[J].农业考古,2015(2).

❷ 刘勇.论高校开设茶文化课程的意义[J].新西部,2017(27).

者的茶文化品牌个性。❶从研究成果时间分布上来看,发展茶文化一直都是我国长期以来的战略任务,对国内茶文化的内涵、特征及发展路径、发展模式等研究已有较多成果。未来,我国茶文化的研究发展应当继续传承中国传统文化,紧扣茶业发展的主题,在发展中注重茶产业的品牌塑造,树立良好的茶文化品牌形象,创新理论研究成果,使理论真正指导实践。

(2)聚类#7的标题是"茶业",包含"茶道精神"等子聚类。茶道精神不仅是茶业中的精髓,而且茶道是最早奠基的茶文化精神,茶仪式精神是茶艺的指导思想,是中国茶文化的核心,在茶事活动中融入伦理、道德,通过品茗来培养人的道德,陶冶情感,品味人生,参禅悟道,实现了精神和个性的升华。❷茶业的发展,要对我国茶产业链不同环节间的交易方式进行调整,用合约交易或是完全一体化等不同程度的纵向整合来取代市场交易,尤其要有效地激励产业链上游来提供优质鲜叶,并对其生产行为给予一定的监督,只有这样,才可能有效解决困扰我国茶业产品的品质和卫生问题。❸国内目前针对茶业发展过程中涉及的质量问题、产业问题、负面效应的优化途径等研究较多,但细化到具体某个茶产业,针对不同种类茶叶进行的研究较少。茶叶品质和食品安全仅仅依靠技术措施并不能完全解决,促进我国茶业的发展,核心在于发扬茶道精神,关键在于建立茶产业运行机制,重点在于完善茶产业链,要切实考虑到消费者饮用安全的需求。因此,未来关于茶业的发展研究方面,还需要根据不同茶产业进一步提出针对性建议。

(3)聚类#6的标题是"中西茶文化",包含"中西差异"等子聚类。作为一种文化形态的表现,我们必须避免一种认识上的倾向:并不存在一种唯一合理的茶文化,中西茶文化是各自文化系统的产物,他们各有其存在的合理性与必要性。❹东西方文化的差异确实使茶学在英语翻译中有所影响。对于文化的传播及相关文化翻译需要更好地研究,共同探索寻求搭建文化传播更好的桥梁。❺中

---

❶ 肖勇.信阳茶文化品牌塑造探析[J].中国市场,2014(42).

❷ 宁静,谭正初,李健权.论中国茶道精神"和"的思想内涵及其现实意义[J].茶业通报,2009,31(2).

❸ 管曦.推动茶产业链纵向整合以提升茶叶品质[J].茶叶科学技术,2012(4).

❹ 王静,卜小伟.茶文化在中西文化中的差异[J].农业考古,2013(2).

❺ 马荣琴.浅谈中西方茶文化差异的茶学英语翻译[J].福建茶叶,2016(11).

西茶文化由于民族历史文化的不同,在语言表达上有显著区别,在翻译的过程中,我们应当秉承忠实性原则,在力求完整传达原文意义的基础上,尽可能地再现原文的意境美与形式美,实现跨文化交流的顺利实现。❶了解中英茶文化差异,对于高校英语教学中跨文化交际能力的培养有较大的推动作用,教师与学生共同讨论茶文化事件,可以充分发挥学生的主观能动性,帮助学生构建知识体系。❷当前,国内学术界对中西茶文化差异在"教学"的研究覆盖面较广,教学过程的好坏直接关系到国家发展的未来,因此,研究中西茶文化差异对教育教学方面有着十分深远的意义。未来的"教学"研究需要进一步了解中西茶文化的差异,及时更新教学内容,与世界茶文化相互交流的现状接轨,为指导教学内容进行更加合理的规划。

(4)聚类#2的标题是"思想政治教育",包含"茶思维"等子聚类。思想政治教育与茶文化的关系是一个重要的研究课题,关系大学生社会主义核心价值观的确立,也是积极促进社会主义文化繁荣发展的必由之路。❸高校应当重视挖掘与运用传统茶道文化,对传统茶道教育制度进行完善,丰富高校传统茶道文化活动,营造良好的高校传统茶文化氛围,为传统茶文化思想政治教育功能的发挥奠定了良好的基础。❹赵科宁等认为,当代高校教育工作者应该充分借助茶思维的优势和作用,全面推动我国思想教育的进行,提升学生整体素质;教师要根据学生的个体差异性及兴趣、爱好,设计教学内容,选择适宜的教学方法,更好地发挥茶思维的作用。❺从当前研究的文献分析得知,茶文化能够培养高校学生的思想文化素质,对当前高校学生思想文化教育的影响意义深远。因此,今后研究重点应该是如何与时俱进地将茶文化融入学生的思想道德培养。

(5)聚类#0的标题是"英译",包含"英语翻译"等子聚类。现阶段英语教学的局限性逐渐凸显,将茶文化元素的具体内容融入英语教学中,以便满足人才培

---

❶ 曾庆佳.中西方茶文化比较浅析[J].吉林省教育学院学报(学科版),2008(8).

❷ 明星.从中西茶文化差异看旅游英语对跨文化交际能力的培养[J].福建茶叶,2016,38(4).

❸ 王东明,刘姬冰.茶文化与大学生思想政治教育融合研究[J].新余学院学报,2018(1).

❹ 黄翠萍.中国传统和合理念与大学生思政教育[J].闽南师范大学学报(哲学社会科学版),2018,32(1).

❺ 赵科宁.茶思维在大学生思想教育中的倡导与发展模式研究[J].福建茶叶,2017,39(8).

养活动的需要,实现教学培养与学生学习之间的对接。❶将英国茶文化与大学英语教学相结合,可以提升学生学习英语的兴趣,增强学生的文化思辨能力,从而提升大学英语的教学质量。❷2013年10月,习近平总书记在出访东南亚国家期间,提出共建"丝绸之路经济带"和"21世纪海上丝绸之路"的重大倡议,"一带一路"呼吁文化先行,从人文领域做起。在国际上推广茶文化,要加快国内优秀茶文化作品外译。❸茶文化资源的英译,有利于提升我国国际茶文化旅游区的品牌价值、市场认可度、社会美誉度,为中国打造国际茶文化旅游区核心竞争力提供软实力和语言支持,促进国际茶文化旅游资源共生营销。❹茶叶是联系中国与"一带一路"沿线国家和地区、实现友好交流与合作的重要载体之一。目前,国内学者对于茶文化资源英译这一聚类的研究较多,由现在的研究热点可以预料,"一带一路"倡议背景下茶文化的传播与发展将会是未来几年的研究重点,在"一带一路"倡议背景下,中国传统文化将得到传播,中国文化的认知度将得到提升,文化意识将得到提升,文化信心将得到提升,文化将得到加强。

(6)聚类#3的标题是"应用思路",包含"传统文化"等子聚类。世界交往融合不断加快,多元的意识形态给学生带来了一系列负面影响,能够有效认识到传统茶文化的内容并继承,是解决当前学生成长和培养过程存在的问题的有效途径。❺音乐教育与茶文化的关系十分紧密,将茶文化与音乐教育相结合不失为一个良好的传播传统文化的思路,音乐教育既能够提高欣赏者的茶文化欣赏能力,增强茶艺表演的艺术效果,推动茶文化传播;同时,茶文化也能丰富音乐的形象,通过茶艺表演感知到音乐的深层魅力。❻将茶文化运用到大学生的传统文化教育中,可以提高他们的个人修养,丰富他们的历史和人文知识,缓解学习与生活压力,形成大学生优异的综合素质,创造良好的校园环境,对培养社会主义事业接班人和建设者有重大意义。❼弘扬中国茶文化,不仅可以与教育相结合,也可

❶ 张文杰.从中西茶文化的差异看大学英语教学中的文化教学[J].科技信息(科学教研),2007(21).

❷ 陈军.中西茶文化差异与大学英语文化教学策略研究[J].茶叶,2016,42(4).

❸ 方彩琴."一带一路"背景下中国茶文化的国际传播[J].农业考古,2015(5).

❹ 杨俊惠.浅析英语在中国茶产业对外交流与贸易中的作用[J].海外英语,2014(8).

❺ 周琴.多元文化背景下开展思政教育工作过程中的茶文化应用思路[J].福建茶叶,2017,39(5).

❻ 陈文贞.论音乐教育在茶文化中的运用[J].中小企业管理与科技(下旬刊),2013(4).

❼ 沈佐民,陈念,李年蛟.茶文化在构建大学生综合素质中的应用研究[J].中国茶叶加工,2008(3).

以将茶文化融入茶产品包装设计中,以便充分利用消费者的感官接触来传递茶文化。将茶文化中的视觉元素提取出来,应用于茶馆的环境设计,结合传统的茶文化内涵,体现出茶文化传统精神的同时,也使商务茶馆的服务功能更具备现代性特征和茶文化传播的视觉效果。[1]从当前研究来看,茶文化主要应用在教育、产品包装、设计等方面,茶文化是中国优秀传统文化不可或缺的一部分,应该随着时代的发展而继续传承、发展。未来茶文化发展应该改善传统的思路,与现代科技生活相结合,将茶文化元素应用到现代生活的更多方面。

(7)聚类#1的标题是"运行机制",包含"茶艺表演"等子聚类。茶文化思想是我国文化体制的核心部分,包含独有的价值启示,其优秀精神与高校人力资源管理机制全面融合,将为当前高校人力资源管理职能的具体优化提供全面指引。[2]将茶艺表演与古筝相融合和渗透,使茶艺表演更加富有张力,加深了观众对茶文化的理解,也能让观众在古筝创造优雅的意境中更加真切地体会到中国传统文化的魅力,两者相互渗透、共同发展。[3]茶文化理论的内涵与具体的行政活动融合,与行政管理思想相结合,在管理的过程中,充分发挥茶的深层内涵和科学理论,可以进一步完善行政机制,从而提升行政管理活动的属性和价值,实现整个行政管理活动开展的最佳效果。[4]从目前研究来看,当前茶文化已经应用到生活的多方面,将茶与艺术相结合,或是茶道与管理思维相融合,都会促进彼此之间的发展。因此,下一步的研究方向应该是在将茶与现代思想、管理机制、艺术等方面等继续融合的过程中,促进融合新机制的出现,以便优化目前思想、管理等方面的不足。

(8)聚类#4的标题是"价值理念",包含"价值思维"等子聚类。对传统文化理念的价值认知不够,很容易造成文化内涵思维的认知缺失,因此,在弘扬传统茶文化过程中,需要筛选合适的传播载体,加上情感理念和价值内涵的全面表

---

[1] 李荣华,郭莉梅.茶文化视觉元素在商务茶馆环境设计中的应用[J].福建茶叶,2016,38(2).

[2] 郭春秋.基于茶文化背景下创造力导向的人力资源管理实践对员工能力的影响分析[J].现代商业,2018(17).

[3] 王晓.论茶元素音乐对中国茶文化传播与推广的作用[J].艺术科技,2017,30(7).

[4] 周慧,谢吉红.茶理论在行政管理思维中的应用[J].福建茶叶,2018,40(6).

达,建立一套成熟的思维理念和茶文化体系。❶解读茶文化的实践和生活意识等内容,会为完善应用茶文化机制提供必要的功能支持……为现阶段应用茶文化提供了关键性支持。❷若将茶文化理念融入思政培养活动体系,不仅能丰富教学元素,更重要的是能够完善教学理念,促进高校思政教学模式创新发展,实现理想的教学效果,引导高校学生树立正确的思想价值理念,提升茶文化理念价值。❸注重茶文化中特色理论的融入和特色资源的深度诠释,才能确保整个茶文化体系的核心价值,因此,未来可进一步关注茶文化价值理念应用方面,将茶文化的价值理念与项目之间进行融合。

2. 热点词突现分析

本文运用 CiteSpace 软件对国内茶文化研究相关文献的突出热点词进行分析,发现强度最强的突现词是旅游资源,出现时间最晚的突现词是英译(见表3),茶文化旅游等成为近年来国内茶文化研究的热门话题。

表3　茶文化研究的热点词突现表

关键词	年份	强度	起始年份	终止年份	2014—2018年
红楼梦	2014	7.603	2014年	2016年	■■■□□
旅游	2014	6.2748	2014年	2016年	■■■□□
茶经	2014	2.2937	2014年	2016年	■■■□□
生态旅游	2014	8.027	2014年	2016年	■■■□□
内涵	2014	9.032	2015年	2016年	□■■□□
英国	2014	7.305	2015年	2016年	□■■□□
文化	2014	7.305	2015年	2016年	□■■□□
茶叶包装设计	2014	7.737	2015年	2016年	□■■□□
旅游资源	2014	9.464	2015年	2016年	□■■□□
茶文化旅游	2014	9.184	2015年	2016年	□■■□□
英译	2014	2.471	2016年	2018年	□□■■■

---

❶ 刘峰.中国茶道精神与传统文化智慧[J].大庆师范学院学报,2017,37(2).

❷ 胡凤仁.中国茶的精神养生及其实证研究[D].福州:福建农林大学,2012.

❸ 刘钰.浅谈推广茶文化对大学生礼仪素质的提升作用[J].太原城市职业技术学院报,2016(6).

（1）强度最强的突现词：旅游资源。热点词"旅游资源"突现起始于2015年，持续两年后出现下降趋势。我国曾在"十二五"规划纲要中明确提出要"深度开发文化旅游"，而茶文化是中华传统文化的重要组成部分，茶文化旅游便逐渐开始受到重视。深度开发茶文化旅游，是旅游业可以预见的重要方向，值得进一步深度开发。茶文化旅游具有丰富的文化内涵，目前茶文化旅游资源主要有名茶景区、茶文化史馆、茶馆、原产地特色茶艺表演、关联工厂化商店经济区等几个大类。❶茶文化主题旅游，能够开拓茶叶市场，丰富茶文化内涵，促进相关产业的发展，它对社会有良好的促进作用，符合旅游业的发展趋势。❷林朝赐等人认为，茶文化旅游和茶产业与经济发展密切相关，提出了茶文化旅游可以结合科学和教育的观点，使我们的青少年进一步了解博大精深的中国茶文化，从小培养学茶、爱茶的习惯，领悟茶道精神。❸李维锦认为，茶文化生态旅游应强调"天人合一"的和谐发展理念，坚持可持续发展的旅游模式，提倡政府的正确引导和宏观调控，避免盲目开发，以及开发市场混乱、恶性竞争等形象的破坏。❹热点词突现正符合我国"十二五"时期规划纲要中提倡文化旅游的重要内容，符合旅游业的前景发展，只有更好地选择具有特色的茶文化旅游路线和项目，才能丰富茶文化旅游市场。发展茶文化及茶产业市场，旅游环节不可忽视。

（2）出现时间最晚的突现词：英译。热点词"英译"于2016年开始突现，至今仍是热点词。作为弘扬中国茶文化发展战略的重要一环，对茶文化相关文献及著作进行英译是一种跨文化的交流行为，在"一带一路"的国际交流中，茶文化可以采用互文性翻译策略、图式翻译策略等英译策略，从而为更深层次的茶文化交流与传播提供载体。❺英译茶文化的相关著作，例如《茶经》，虽然存在理解障碍等翻译问题，但是完好的英译著作有助于提升中华茶文化在世界的影响力，有利

---

❶ 朱世桂，房婉萍，张彩丽.我国茶文化旅游资源现状、特性及开发思路[J].安徽农业大学学报(社会科学版)，2008(3).

❷ 祝思华，张佳.我国茶文化旅游开发的思考[J].农业考古，2014(5).

❸ 林朝赐，张文文，刘玉芳，等.茶文化旅游与茶业经济发展[J].中国农学通报，2008(2).

❹ 李维锦.茶文化旅游：一种新的文化生态旅游模式——以云南茶文化生态旅游为例[J].学术探索，2007(1).

❺ 王旭烽，温晓菊.论"一带一路"国际交流中的茶文化呈现意义——以浙江农林大学茶文化学院茶文化实践为例[J].中国茶叶，2016，38(7).

于茶叶出口及茶文化的对外交流和传播,而且能够在英译过程中能留下中华文化文化底蕴。❶中国文化文献在英译过程中,可以采取互文性翻译策略和图示翻译策略两种不同的策略:对于不能直接简单做只是文字符号转换的翻译,可以借助一些常用的翻译手段,如增译法、意译法等互文翻译策略;面对知识、经验更新变化过程中,就需要图示化翻译的方法对中国茶文化"原汁原味"进行翻译。❷孔黎明等认为,我国博大精深的传统历史文化输出是重要的发展战略,其精神和内涵对世界有重要而深远的影响,因而,我国茶学研究者和翻译者应该博览全书,走访世界,翻译出更准确完善、更能体现中国茶文化和语言魅力的英译本。❸

五、结 论

本文基于CiteSpace软件对近年来国内茶文化研究状况、研究热点等进行可视化分析,得出以下结论。

第一,就研究状况来看,相关主题研究文献的数量自2009—2015年持续缓慢增长,2015年开始增速尤其明显。2018年上半年有关茶文化的相关主题文献产出为2526篇,到2018年年末相较于前两年依旧增加,增速稍有回落,但依然是近几年的高产出水平。值得注意的是,茶文化领域研究机构之间合作很少且强度弱,少部分研究机构合作也大多都是属于同地区或是同部门,跨区域、跨部门之间的合作几乎没有,应该进一步加强。

第二,就研究热点来看,八个热点词聚类标签分别为"发展""茶业""中西茶文化""思想政治教育""英译""应用思路""运行机制""价值理念",涵盖茶文化研究的大多数领域。国内茶文化研究领域分布较广,有一定的宽度和深度,其中涉及"中西茶文化""思想政治教育"等研究成果较多,而关于"英译""运行机制"等的研究相对较为薄弱。"旅游资源"是强度最强的突现词,"英译"是最新的突现词,茶文化旅游等成为近年来国内茶文化研究的热门话题。由此看出,我国茶文化热点研究具有明显的政策指向,热点词突现的强弱往往与我国政策提到的热

❶ 姜斐斐."一带一路"背景下《茶经》英译策略研究[J].辽宁工程技术大学学报(社会科学版),2018,20(2).

❷ 谢炆炆."一带一路"背景下茶文化英译现状及对策探析[J].海外英语,2017(22).

❸ 孙黎明,孔莹.论《茶经》英译策略与茶文化传播研究[J].福建茶叶,2017,39(4).

点相关,代表了一定的发展趋势。

当前茶文化的顺利发展,很大程度上是由于充沛的理论支撑、大基数的实证研究及较为精准的发现问题与较为准确的解决思路,但是茶文化发展研究应用涉及多个领域,要想大力弘扬茶文化,绝非"一家之言",而应该是学术界各个领域共同商议,扬"百家之言"。为促进茶文化持续发展,必须在紧紧围绕中央"大力发展茶产业和茶文化"的总体要求的同时,切实加强茶文化理论与实践创新,创新茶文化产业应用思路,完善茶产业相关机制,促进新时代我国茶文化的传播与发展。

"一带一路"倡议背景下中国—东盟茶文化交流：问题、前景与对策[*]

崔海洋　吴妍妍

摘　要：茶叶是联系中国与"一带一路"沿线国家和地区、实现友好合作的重要载体之一，围绕茶叶建构起来的茶文化及其交流，成了区域社会与历史演变的缩影，中国与东盟之间的茶文化交流，正是这样的历史过程。本文以历史和文化为根本，探寻"一带一路"背景下的中国—东盟茶文化交流中所存在的各种机遇与困境。结合当代社会实情，试图提出相应对策，化解困境的同时推动中国与东盟在茶文化交流领域获得更多进展。

关键词：茶文化　中国—东盟　"一带一路"倡议　机遇与出路

一、引　言

为主动应对全球形势的迅猛变化，统筹国内、国际两个大局，尤其是经济全球化的迅速发展，2013年9月7日和10月3日，习近平总书记访问中亚四国和印度尼西亚时，分别提出了建构"丝绸之路经济带"和"21世纪海上丝绸之路"的宏伟战略构想。❶为我国与东盟各国之间的茶文化传播和茶产业的发展创造了重要的历史发展机遇。作为我国推行"一带一路"倡议的关键枢纽之一，东盟在我国茶文化和茶产业的新发展中显然占据着极其重要的地位。加强中国和东盟各国之间的茶文化交流与合作，对进一步提升中国与东盟的战略伙伴关系，增强中国文化软实力和民族凝聚力，具有重大的战略意义。

＊ 本文发表于《贵州大学学报（社会科学版）》2017年第5期。

❶ 杜德斌，马亚华."一带一路"：中华民族复兴的地缘大战略[J].地理研究，2015，34（6）.

二、中国—东盟茶文化交流的历史过程

茶叶是中国与"一带一路"沿线国家和地区经贸往来的重要流通商品,茶文化也是中华文明传播全球的重要载体之一。在古丝绸之路及海上丝绸之路传播中华文明的历史进程中,茶叶与全球茶饮国家的自身本土文化相结合,产生了许多新的茶文化形态,如日本茶道、韩国茶礼、阿拉伯茶饮和英国下午茶等,致使许多国家民众的生活方式因为茶饮的出现而发生了重要的改变。不难看出,茶不仅给各国人民增加了幸福与健康,也为世界的文明与进步做出了巨大贡献。[1]中国和东盟既是山水相连的友好邻邦,也是互为关联的战略合作伙伴,既有历史文化上的渊源,亦有空间地理上的优势,[2]中国和东盟国家之间具有紧密的政治、经济和文化的联系。而茶文化正是双方源远流长的文化交流内容之一,特别是它作为双方保持友好合作关系的纽带,一直发挥着关键性的作用。在中国古代对外交往中,茶具有举足轻重的地位,凸显了其作为流动商品或礼物的社会文化功能。就目前的研究来看,大体上将古代中国对外的贸易路线归纳为两条,以陆路为主的交通航线和以水路(包括海洋)为主的运输航道。中国和东盟区域之间的茶叶流通和茶文化交流,都与这两条通道直接相关。

第一条是茶马古道。茶马古道连接中国西南地区、西藏及南亚、东南亚相关区域,以马帮为主要交通工具,以茶叶、食盐和马匹为主要内容的民间古老贸易通道。"茶马古道的起源,包括了不同的社会发展形态,直立人古道、早期智人古道、晚期智人古道、新石器古道、民族古道、盐运古道和马帮古道,因而最初的古道是因古人类的移动路线而产生,之后则是因民族的迁徙而沿袭,并在唐代形成了滇藏茶马古道"[3],之后一直兴盛,并于20世纪上半叶发展至顶峰。由此看来,有关建构起来的茶马古道、南方丝绸之路等话语还处于一种互相争论的状态。但可以肯定的是,茶马古道的历史起源,显然与区域社会的历史过程和国家制度在地方社会中的运作直接关联。茶马古道主要有三条,即青藏线、滇藏线和川藏线。在这三条线路中,滇藏线和川藏线对后世的影响最大,也最为知名,开辟了

[1] 熊柏林.中国茶要融入"一带一路"建设中去[J].茶世界,2014(7).

[2] 张军.我国西南地区在"一带一路"开放战略中的优势及定位[J].经济纵横,2014(11).

[3] 陈保亚.论茶马古道的起源[J].思想战线,2004(4).

由云南经缅甸、印度、尼泊尔的丝茶之路。❶数千年来,茶马古道不仅是区域间经济交往的通道,同时也是文化传播的桥梁,为中国西部、西南部边疆地区与东南亚、南亚的经济繁荣和文化多样化发挥了重要作用。

第二条是海上丝绸之路。公元7世纪的大唐帝国,就通过海路把茶叶销往一衣带水的韩国和日本。宋元期间,开放了广州、宁波和泉州等沿海港口,把茶叶运往东南亚诸国。尤其是15世纪前半叶,郑和率领船队通过海上丝绸之路,把茶叶、丝绸和瓷器等商品运往东南亚、西亚和非洲东海岸国家进一步扩大了明帝国在区域社会中的影响力。到了17世纪,中国茶叶开始通过东南亚在中东、欧洲各国广为流行,欧洲人甚至把中国茶当作相互馈赠的贵重礼品之一。到了19世纪,中国茶传播已遍及世界各地并风靡全球,同时茶叶出口也占到了清政府全部出口商品的60%。然而,一段时间以来,东亚的历史命运发生急剧变化,先后沦为欧洲资本主义国家的殖民地或半殖民地,如印度、斯里兰卡是英国的殖民地,而15世纪印度尼西亚则先后遭到葡萄牙、西班牙和英国入侵,16世纪后期遭到荷兰入侵并成为其殖民地等❷。这些宗主国在殖民地的首要目标便是要掠夺资源和进行贸易控制,同时也加大对殖民地产出能力的建设。这样的背景使得,在1900年的世界茶叶总贸易量274791吨中,印度已经超过中国,占到了31.74%,斯里兰卡占到了24.64%,而中国则占30.47%。而在14年前,即1886年,在中英、中法发生摩擦的背景下,中国还是输出了134102吨茶叶,日本输出了21590吨,印度、斯里兰卡、印度尼西亚总共才输出6950吨,中国占据了全球出口茶叶总量的八成以上。❸但是不到20年的时间,中国茶叶出口的优势就被个别今天的东盟区域国家超过了,这一时段的中国,正面临着中日甲午战争等一系列清末内忧外患的事件,显然严重影响到了中国茶叶的生产和出口。

纵观中国与东盟各国之间的历史过程,可以看到中国茶及其文化在东南亚、中东和欧洲的传播,是推动历史进步和社会发展的催化剂,对促进亚欧大陆不同国家、不同文明之间的商贸、宗教、文化、民族等方面的融合与交流,为人类社会

❶ 赵明.茶马古道与"一带一路"建设[J].理论视野,2015(12).

❷ 爱德华·麦克诺尔·伯恩斯,菲利普·李·拉夫尔.世界文明史(第四卷)[M].罗经国,陈博民,张益庭等,译.北京:商务印书馆,1995:90.

❸ 冈夫.茶文化[M].北京:中国经济出版社,1995:13.

的共同发展与繁荣做出了重要贡献。❶同时,也将这一区域的茶及茶文化推向了世界,必将会引起世界性的反响,因为我们面对的既有区域性共同利益诉求,亦有相似性的历史背景,文化与心理的认知必然会产生包容❷,而包容就意味着遇到问题就能够更大层面上的解决。

进入21世纪,全球政治和经济环境都发生了变化,中国和东盟成员国之间的茶文化交流也更为频繁活跃,提高到了一个新的水平。中国与东盟成员国向世界宣告,将共同建设21世纪海上丝绸之路和携手打造中国—东盟命运共同体,增进中国—东盟茶文化交流与合作。这一系列的合作方案,不仅发展茶产业、促进茶经济,培养区域人群的文明健康生活方式、建设生态文明,而且也有利于进一步推动中国与东盟的友好交流与合作,携手建设合作共赢的亚洲命运共同体。如此看来,这种区域性的经济合作体,并不是一个纯粹的经济学问题。仅从"经济"这一指标去理解区域社会的整个历史过程,显然是片面的,因而难以揭示其间的实质。

三、当前中国—东盟茶文化交流存在的问题

"一带一路"倡议,从政治构想到具体的社会实践,这是国与国、国与区域之间的问题,处理难度大,其间包括沿线民族的历史与文化,语言风俗习惯,各自的生产与消费的具体材料都没有系统的研究,更是报不出某一商品(如茶叶)在这些国家各个市场上的确切价目表,即令是一些已有的对东盟各国政治、经济与文化研究的资料及成果,也都还处于表浅和概略状态,至今没有一整套系统而翔实的资料和论著❸,甚至是一些历史上遗留下来的问题也未能够获得理性的符合历史的认知。有学人将这样的困境归纳为三个方面,即新时期美国在亚太战略中的性质重新定位、沿线国家的态度与对话程度和中方如何尽可能规避经济与政治风险。这些客观存在的风险,显然需要加以严肃对待,我国是世界上最大的茶叶生产国和出口国之一,尤其是同样生产茶叶、消费茶叶和出口茶叶的东盟地区

---

❶ 龚缨晏. 全球史视野下的海上丝绸之路[N]. 光明日报,2013-10-10.

❷ 崔海洋,眭莉婷. 文化的共生与包容——东盟国际关系的主旋律[J]. 西南边疆民族研究,2015(2).

❸ 阳坚. 论西南地区面向东南亚的开放[J]. 云南社会科学,1991(1).

更是如此,因为相互间还有争夺海外市场的客观存在,因此,既有共同的利益诉求,亦有相互间的冲突。问题表现为以下几个方面。

其一,中国和一些东盟成员国的茶叶生产量居世界前列,但相互之间的茶叶贸易量却很少。国际茶叶委员会统计数据显示,2015年世界茶叶产量达到了528.5万吨,中国为223万吨,而作为东盟成员国的越南和印度尼西亚,其产量分别为16.5万吨和12.9万吨。2015年中国、越南和印度尼西亚的茶叶总产量,差不多占到了世界总产量的一半,而2015年我国茶叶出口总量虽然高达32.5吨,但对整个东盟的出口量却仅约0.9万吨。❶中国与东盟各国之间所生产茶叶大多类似,包括绿茶和红茶在内,都是各自出口的大宗,因而出现相互间贸易出口量不多的情况也属正常。因此,形成中国—东盟区域性经济合作机构,可以整合区域优势资源,提升这一区域的茶叶国际市场整体竞争能力,为各国的茶叶贸易生产更多的红利。这正是"一带一路"倡议带来的中国—东盟茶叶贸易发展新机遇。另外,近年来我国茶叶进口总量年均不到3万吨,虽然其中从东盟地区的进口量占到了1/3,但中国和东盟的茶叶贸易总量却仅占总量的很小一部分(见表1)。

其二,中国和东盟虽然山水相连,甚至一些族群还有共同的渊源,但经过具体的历史过程后,逐步形成了各具特色的茶叶消费习惯和特定的茶习俗,这使双方在茶文化交流上存在差异,有些甚至还影响到具体的实践操作。总体而言,中国以消费绿茶为主,而东盟国家则主要以消费红茶为主,但东盟地区却不是中国红茶的主要出口地区,中国红茶主要出口美洲、欧洲、非洲、大洋洲等地区和国家。❷红茶是世界茶叶消费的主流,全球红茶的消费额占茶叶消费总额的60%。然而,中国出口茶叶品种中,80%以上是绿茶,这与世界茶叶出口产品结构是矛盾的。❸因此,消费习惯也对中国和东盟的茶文化交流产生了一定的影响。

---

❶ 中华人民共和国商务部对外贸易司.2015年中国出口月度统计报告(茶叶)[EB/OL].[2017-07-10]. http://wms.mofcom.gov.cn/article/zt_ncp/table/2015_12.pdf.

❷ 江用文,张建勇,江和源,等.中国红茶产销现状与发展前景[J].中国食物与营养,2012,18(2).

❸ 毛立民.茶在一带一路地区的贸易现状和发展前景[J].茶博览,2015(7).

表1 2006—2015年世界茶叶主要产国茶叶产量情况   单位:万吨

国家	2006年	2007年	2008年	2009年	2010年	2011年	2012年	2013年	2014年	2015年	占世界总量百分比/%
中国	102.8	114.0	125.8	135.9	147.5	162.3	179.0	192.5	209.6	223.0	43.1
印度	98.2	98.6	98.1	97.9	96.6	111.6	112.6	120.0	120.7	119.1	22.5
肯尼亚	31.1	37.0	34.6	31.4	39.9	37.8	37.0	43.2	44.5	39.9	7.5
斯里兰卡	31.1	30.5	31.9	29.0	33.1	32.9	32.8	34.0	33.8	32.9	6.2
土耳其	23.9	22.4	22.9	22.1	23.1	24.6	23.1	23.5	23.0	25.8	4.9
越南	14.3	16.6	14.8	16.6	18.0	17.5	17.8	18.0	17.5	16.5	3.1
印度尼西亚	14.7	15.3	15.5	15.3	15.3	15.1	13.7	13.4	13.2	12.9	2.4

数据来源:The Food and Agriculture Organization of the United Nations(FAO)。

中国的茶产业在发展中还存在一些问题:一是产量大、厂家多,但知名品牌少。中国是世界上最早种植茶叶的国家,茶园面积自古至今稳居世界第一,产量占世界总量的1/3。然而,国内有名气的品牌茶却屈指可数,据相关统计资料显示,全国生产加工茶叶有7万多家企业,其中仅有近千家茶叶有注册商标。由此不难看出,中国茶叶主要集中在中低端市场,并更多地充当国外知名茶叶企业的原材料供应商。二是资源丰富,但缺乏有效整合。据统计,在中国2800多个县级行政单位中,其中有近80%是茶叶生产县,名优茶众多。但是我国茶产业总体整合不够,导致我国茶叶资源分散、生产分散,出口也是以散装为主,不能充分发挥应有的优势,难以做大做强。三是整个行业混乱,无序竞争和恶性竞争是常态。国内茶叶企业相互之间经常出现"出口低价拼杀,内销高价攀比"的现象。据报道,有一地的茶叶披上另外一地的茶叶名号的外衣包装销售的现象,这极为不利于茶叶的品质和茶文化的传播。甚至有部分商家为了追求利润,违背行业规则,制造假劣伪冒产品,给整个行业造成极其不良的影响。另外,国内多数茶叶企业的规模较小,管理也不完善,茶叶从业人员的总体素质也有待进一步提升。四是整个行业缺乏有效的制度保障。近几年来,随着科技的发展,缺乏行业标准和有效监管的茶行业存在的问题,也出现在电子商务领域,产品质量参差不齐和仿冒产品的现象更是层出不穷。电商平台没有具体的法律保障,企业和消费者的利益都易受损害。茶企业应该建立质量安全可追溯制度,在生产、加工、包装、贮运各环节施行全程标准化,完善检测机构和设施,确保茶叶的质量安全。以上这些问题都已成为制约我国茶产业发展障碍,中国和东盟茶文化交流与合作的推进也因此受到不良影响,因而我们既然认识到了问题的存在,就必须进行及时的优化处理。

四、中国—东盟茶文化交流的前景

当前,"一带一路"倡议的推进为中国与东盟国家在茶文化和茶产业上的合作带来了重要的发展机遇。相关数据显示,"一带一路"沿线涵盖中亚、南亚、西亚、东南亚和中东欧地区,这些国家都正处于经济建设的上升期,开展互利合作有着独特的优势和条件。❶由此,中国和东盟国家的茶产业发展形成了广阔的消费市场,双方的人文交流也焕发勃勃生机。随着"一带一路"倡议的实施,逐步促进投资贸易壁垒的消除和通关便利化,在此背景下中国和东盟国家开展茶叶贸易将持续获得政策支持。有思路才有丝路。中国要推行"一带一路"倡议,首先要尽快将茶业产业融入新时期的新常态运作,加强协调并促进茶产业的转型升级,认真分析世界主要茶叶消费国的消费习俗和市场需求,掌握开拓茶叶市场的主导权。

饮茶是"一带一路"沿线国家或地区人民的重要习俗,他们在各自民族文化基础上又形成了丰富多彩的茶文化。如此庞大的饮茶人口,直接相对应的是巨大的消费市场,随着中国和东盟国家茶产业的不断发展壮大,以及国民生活水平的不断提升,整个社会的茶叶消费结构必然多元化。因此,需要中国科技界加大科研力度,促进茶产业的转型和升级,进一步增进与东盟等"一带一路"沿线国家或地区的交流与合作。2015年出台的《推动共建丝绸之路经济带和21世纪海上丝绸之路的愿景与行动》关注了投资贸易的便利化问题。如何在区域内部及区域间构建良好的外部环境、消除贸易和投资壁垒,是中国茶产业发展的关键。中

---

❶ 罗兴武.涉及65国44亿人口"一带一路"带动半个地球[J].世界博览,2014(24).

国和东盟国家成功展开自由贸易区的具体实践,完全可以扩展到整个"一带一路"沿线区域。这些经验包括:逐步改善边境口岸通关设施条件,降低通关成本,提升通关能力,加快边境口岸"单一窗口"建设;逐步加强检验检疫、认证认可、标准计量、统计信息等方面以及信息互换、监管互认、执法互助的合作,推动世界贸易组织《贸易便利化协定》相关文件的生效和实施;逐步降低非关税壁垒,共同提高技术性贸易措施透明度,提高贸易自由化便利化水平。❶这些也为中国和"一带一路"沿线国家或地区之间的茶产业合作提供了有益的借鉴。

随着中国茶叶逐步向个性化、专业化和精细化深加工方向的纵深发展,越来越多的自主品牌开始扩大自身的影响,茶企业为了提升竞争力更加注重茶叶安全和品质,所以整体上的中国茶叶正不断与国际接轨。由于天然的地缘优势及良好的种植条件和农业资源,东盟国家日益成为当前中国茶产业国际化发展的重要贸易和投资对象。要开展"一带一路"倡议背景下中国和东盟茶文化的交流与合作,中国茶叶产业要整合起来主动拓展市场,不断了解东盟各国茶叶的消费习俗和市场需求,研发更多的高端茶叶产品,建立起完善的"走出去"和"请进来"的制度体系。

五、中国—东盟茶文化交流的对策建议

综合以上研究,我们认为深化中国—东盟茶文化交流的根本路径在于:以历史与茶文化为根本出发点与核心探索茶叶的国际化路径。具体而言,包括以下四个方面。

其一,重视传统茶叶品牌的研发和推广。人们希望在历史的场景中获得对人类社会、对自身、对当下及其今后社会走向的思考,因而回归历史必然会成为最终的当代话语,而且这一规律亘古有之。换言之,茶产业要走国际化道路,必须启动对历史上的"名特优"茶叶品牌进行梳理和研究,而不仅仅是依靠产品差异化战略和低成本战略。❷当下的茶叶品牌鱼龙混杂、琳琅满目,为了迎合消费

---

❶ 外交部,商务部,等.推动共建丝绸之路经济带和21世纪海上丝绸之路的愿景与行动[N].人民日报,2015-03-29.

❷ 江用文,陈霄雄,朱建森,等.中国茶产业2020年发展规模分析[J].茶叶科学,2011,31(3).

者好奇的心理起一些时髦的名字。这样的茶叶品牌经营是十分短浅的,根本无法驾驭茶叶市场。缺少深厚历史文化底蕴的品牌,难以符合茶叶这种聚焦着文化与商品双重性质的出口物质。❶我们必须借助历史学、人类学、民族学这些学科,研发历史上具有市场竞争力的茶叶品牌,并将其作为打造国际化茶叶品牌的首选。当然,这并不是否定现代性的时髦茶叶品牌经营,但它要作为辅助性的策略去使用,不可本末倒置。

其二,提升传统茶叶技术和技能。依靠这些现代科学技术,我们能够逐步将茶叶的质量和数量都提升上去,尤其是质量,更是茶叶能否在国际市场中占据根本地位的前提。在充分肯定现代科学技术对茶叶生产、加工有着巨大贡献的同时,反过来,我们还要反思当代的科学技术产品能否创造出原汁原味的茶叶来,基于这样的思考,我们认为,中国茶产业要走向国际化,不必拘泥于机械化的高度推广和普及,应当更为审慎地利用现代科学技术,尤其是机械化生产和标准化生产。如果从亲环境农业的角度去考虑,现代科学技术应当是用来对当地各民族传统的茶叶种植、加工等各种技术和技能的升级换代,而不是重新建构一种现代化科学技术组装出来的新的茶叶生产技术。通过对不同民族传统茶叶技术和技能的提升,不仅有效利用了当地各民族的传统文化和历史,更是为当地社会经济发展,尤其是民族文化自信做出了积极的贡献。这样的做法,还能够吸引更多的年轻人回家从事传统的茶叶生产工作,从而缓解当地因青壮年劳动力大量进城务工而造成的空巢村及其由此而引发的各种社会问题。因此,对科学技术的利用,当以特定的历史背景和生态背景为基础,尤其是要结合当下当地社会的各种社会问题加以综合考虑。

其三,抓住机遇,积极走出去。全球化、市场化、城镇化几乎是当下中国最热的名词,它们的共同特点都是将中国纳入了世界市场经济体系中,因而中国的社会经济发展,不可能是局限于国家内部,而必然要同国内外所有的国家和市场打交道。这种大背景、大趋势,为中国茶叶产业走向国际化、走向国际市场,提供了巨大的契机。当前,中国与世界其他国家的往来日益频繁,为经验的交流与分享,尤其是举行国际间的茶文化交流提供了更高的平台和机会。一些国外学者

---

❶ 周晨. 中国与东盟茶叶贸易发展前景展望——基于CAFTA框架下的贸易创造与贸易转移效应测算[J]. 商,2015(20).

认为品茶这种文化互动和消费行为远远超出了茶叶自身所包含的社会意义。再就历史的经验来看，国内外经济环境的稳定与发展，是中国茶叶产业国际化，乃至整个中国茶叶市场的国际化的基石，而当前这一稳定的经济环境，为中国茶叶产业的国际化迎来了发展机遇。由此而附带出现的各种发展政策，也成为中国茶叶产业国际化的重要依靠，关键就在于，我们如何探索出科学的茶叶产业国际化路径。

其四，以文化体系去经营茶叶。人类生活在文化建构起来的"意义之网"中，而组建成这一"意义之网"者，便是各个"网结"，而这些"网结"便是一项又一项的"文化因子"。[1]就纯自然的茶树上所产茶叶来说，其本身仅是一个很自然的现象，是植物体自身不可分割的一个有机组成部分，因而是不具有人类社会意义上的"文化意义"。当人类对其进行了加工、改造和利用之后，其属性就发生了变化，纯粹的茶树叶子被赋予了人类的体力劳动和精神劳动，也就是附上了文化，与原生的纯自然状态下的茶树和茶叶有着分别。此种分别的着落点在于它们的日常维护需要仰仗各民族及其文化的不间断呵护，而不可能纯粹依靠的自然方式，否则就无法满足人的"文化需求"。

茶叶的生产要取得成功就应当纳入当地各民族的社会文化体系之中，关注与其最密切的"文化因子"共同经营和发展，因此，不能仅仅把"茶业商品"当作"文化"，作为国际化的目标或是"文化软实力"，而是将其视为文化整体下的文化因子，与其他文化因子一起，在文化整体中获得生命。[2]如果仅仅将茶叶作为一个单一的社会活动展开，那么就得不到其他文化因子的支撑，尤其是当地整个社会文化体系的支撑，那么即便它在短期内取得了成功和获得了收益，但由于缺乏系统的支撑和营造适合它存在和延续的社会氛围，那么在不久的将来，茶产业也会逐步落伍，甚至荒废。和茶叶产业发展密切相关的社会文化体系需要更好地保护非物质文化遗产、民俗与民间信仰，以及传承民族悠久的历史。

诚如学人所指出的："中国与东盟对外开展文化贸易的基础仍是基于传统的要素禀赋优势，双边文化贸易的整体互补性水平较低，在国际市场上的竞争性有

---

❶ 克利福德·格尔兹.文化的解释[M].纳日碧力戈,译.上海:上海人民出版社,1999:5.

❷ 刘斌.中国茶文化是重要的软实力资源[J].农业考古,2015(2).

不断增强的趋势。"❶也就是说,基于既有的历史与文化事实,在新的时代背景下,如何加强对历史文化的基准性认知与利用,将成为中国—东盟之间茶文化与茶产业进一步扩大交流的根本所在。进一步讲,如果将茶产业的经营与这些历史与文化内容相挂钩,进行连带式的开发和运用,那么不仅能够将茶叶产业经营好,而且还能连带实现其他社会活动,包括历史与文化的传承与发展等现实性问题的解决。当代中国需要重新捡拾历史先辈们给我们留下来优秀文化遗产,并借助"一带一路"的历史机遇,将其传播到世界各地,为区域经济和社会的新发展,做出更大的历史性贡献。

---

❶ 王洪涛,周莉.中国与东盟文化贸易的竞争性与互补性研究[J].学术论坛,2015,38(11).

贵州镇远天印茶的"土贡"身份与品牌建构研究*

崔海洋　章正浩　康　军

摘　要:天印茶是贵州省镇远县都坪镇天印村一带生产的一种传统绿茶。自中原政权进入这片土地以来,天印茶便从土民的日常利用转变为区域社会朝贡中原政权的"贡品",具有了"土贡"身份。这一身份所产生的社会影响,一直延续至今。以此观之,今天要探寻天印茶的发展路径,更应从其历史过程出发,但同时又要兼顾区域人群的文化特点,以此获得突破经济意义之外的传统文化传承与保护等多重价值。研究认为,天印茶的品牌建构可以借助今天的乡村振兴战略,具体发展乡村旅游,借助非物质文化遗产保护与传承的相关政策,最终形成天印茶的市场竞争优势。

关键词:天印茶　贡茶　土贡身份　社会运作　品牌建构

一、引言:研究的缘起

在中国史乃至全球史中,中国所产的茶一直具有不可小觑的地位,一度成为能够引发像发生在18世纪70年代初期的"波士顿倾茶事件"那样的全球性事件。因此,近代以来,国内外学者对于中国茶的研究成果不胜枚举,而且方法不断推陈出新,成果及观点也是日益多元。在这些研究成果中,有的关注其在中国历史过程中的地位和影响,有的关注其在全球史中的地位,诸如此类。其中,以宏观的视角或"超区域"的视角进行研究,已经成为学人较为接受的一种方法,因为通过"跨区域""大空间"的视角,可以更为清晰地看到茶在大的时空背景中流动的轨迹以及其由此所产生的历史影响。由于目前这个领域的研究成果已经十分丰硕,故本文试图从"微观"视角探寻茶在区域社会历史演变过程中所扮演的角色,从而理解这一极为普通的物质是如何在区域社会的历史与社会变迁脉络中发生

---

* 本文发表于《广西民族大学学报(哲学社会科学版)》2018年第6期。

关系,这种关系又是如何通过当地民众的日常生活和活动呈现出来的。因此,本文更加倚重的学理分析工具正是日常生活史。兹认为,将茶置于日常生活史的研究,或许更能够接近茶的一些本真东西,因为它终究是一个极为普通的寻常的文化产物。

20世纪初,西方史学研究趋向之一的日常生活史研究,被中国学者推介到了中国。在近百年的实践过程中,国内外对于日常生活史的研究得到了极大的推进,其俨然已成为一个热点领域。之所以如此,乃是一段时间以来,学术自身发展与社会需求之间的契合所致。当然,它存在的一个基本理由,是因为通过对百姓日常生活的研究,可以为我们理解历史时期的国家与社会,尤其是国家的典章制度,提供一个新的切入点,从而与传统的帝王将相史相互呼应,为理解国家与社会,提供更为多元的视角,尽可能接近历史的真实。但至于说,日常生活史的研究,能否就代表了那个时代的历史的真实面貌,是否就突破了重大政治事件的"时代标杆"❶,目前则同样是不可轻易下结论的。日常生活研究存在的这一"缺陷",甚至可以说是传统史学研究者不屑于与之对谈的内容,却又是一个能够认识当下区域社会问题和指导具体社会实践的有效"工具"。因为日常生活中的"生活琐碎""衣食住行""婚丧嫁娶"等与人群日常密切的生活细节❷,甚至是高度凝练出来的"社会各阶层的日常生活""政治领域的日常政治"或"时代的常态现象"❸,都是日常生活史研究的对象,从而形成了日常生活的特质与研究路径❹等方面的众多研究成果。如果从民族学的视角看,"整体史"的视角并无"新意",因为民族学早期的发展就提出"文化整体观",而文化整体观的视角,更能切中区域人群社会生活的"本质"。

基于日常生活史的上述研究,日常生活中的"柴米油盐酱醋茶"显然也是一个重点研究的对象,而茶又是一个再熟悉不过的日常消费品,但于更为广泛的人群社会而言却又充满了某种"陌生感"。"熟悉"是因为人们已经将其发展为了一

❶ 雷姬."日常生活"与历史研究[J].史学理论研究,2000(3).

❷ 刘新成.日常生活史:一个新的研究领域[N].光明日报,2006-02-14.

❸ 李俊领.日常生活:社会史研究的对象、视角与跨学科对话[J].徐州工程学院学报(社会科学版),2017,32(5).

❹ 王秋.邓之诚的社会生活史研究[J].史学史研究,2015(2).

种具有较大客观经济价值的产业化了的商品;而"陌生"则是因为并非任何地区的任何人群都饮用茶(这一点是研究者无限放大或夸张了的),而且历史时期的茶及其与国家、社会之间的诸种关系,基于研究兴趣和实际需要所致,乐于去了解的人群事实上也是有限的。由此可见,学术界对茶的研究和普及,不仅是学术自身发展的需要,也是一个让世人了解茶的过程,通过梳理茶在区域社会演变过程中的基本脉络,可以知道它是如何在国家与社会之间形构出一种动态的互动关系。了解这一历史过程,对当代茶产业的经营和茶品牌的文化建构,或许是有帮助的。基于此,本文试图以贵州省镇远县一带所产的绿茶——天印茶为例,从日常生活史的视角予以讨论。

二、杨柳塘的人群及社会

天印茶作为区域社会文化加工出来的产物,理解其历史结构过程,首先是要将其置于区域社会人群的社会生活中加以认知,其次才是考虑它在国家话语背景下的具体运作机制。这是因为,区域社会的结构与历史,其基本属性乃是文化模塑下的人群聚合体,而作为其间的个体的人,则是文化规约下的社会运作的具体实践者,是在特定社会结构和制度性环境下有目的的行动者。❶换言之,只有从杨柳塘区域人群的日常生活出发,才能够真正找到天印茶作为文化之物在区域社会中的流动过程及其历史意义之所在。

地处贵州省黔东南州镇远县的都坪镇,是一个有着自身历史故事的地方。之所以说起颇有"故事",主要因为历史上这里曾设置"都坪洞",临时成为从务川迁徙而来的思州府府衙所在地。有元一代,在这里设置了隶属思州宣抚司下辖的台蓬若洞主溪等处蛮彝长官司。明承元制,继续在这里设置土司一职,命名为都坪峨异溪蛮苗长官司。明清鼎革,这一地区的土司建制亦未招致罢废,而是一直延续到了清代中后期方被废止。❷都坪镇的这一历史过程,事实上标志着在当地人群社会中,以世居人群居多,而非汉人。虽然天印茶的主产区亦位于都坪镇境内,但在明代以前,天印茶为当地世居人群所生产则是无疑的。

---

❶ 刘志伟,等.在历史中寻找中国[M].上海:东方出版中心,2016.

❷ 参见《都坪镇志》编纂委员会编的《都坪镇志》(内部印刷),2011年,第15页。

　　既然将要涉及这里人群的"历史"问题,那就不得不提较早对这里的人群社会进行描述的宋人朱辅,其所著《溪蛮丛笑》极为关键。该书所载人群,在20世纪50年代至80年代的民族识别中,被归为土家族、苗族、侗族、仡佬族。而陆游所撰《老学庵笔记》,则明确提及,当地的各民族早就有种茶、饮茶的习惯。[1]此前的研究者,由于并未受过系统的民族学训练,因而很少有人注意到,该书所记载的"仡伶",乃是当代"侗族"的前身[2],而"仡偻"就是当代"苗族"的前身[3]。这样的结果,使人们很难将这些人群与历史上的植茶、种茶关联起来。但今天的田野调查,却能为我们提供有力的物证———镇远县都坪镇天印村一带,拥有大量的古茶树,其中还有不少是千年古树。

　　值得注意的是,在早期社会中,这些人群虽然掌握了种植茶和制茶的技术,但却没有制作绿茶的社会需求,也没有相应的技术装备。他们对茶叶的消费,应当与《茶经》记载相似,主要是取食鲜茶,或者制成茶饼,便于长期贮存备用,而且是与其他食物连用。其饮用的习惯,与当代侗族饮用的"油茶"极为相似。以此观之,将当代天印茶的加工工艺,追述为千年以上的观点,是很难站住脚的。其技术定型时间,不仅晚于宋代,且亦非当地少数民族所创,而是与中原汉文化中的制茶技术传播有关。

　　今天的都坪是镇远县下属行政单元之一,这是一个宽大的山间坝子,典型的喀斯特生态结构。虽然降水丰沛,但是地表存储水资源的能力却很低,地表水缺少成为这里标志性的生态特征。因此,这里的生计产业,虽然在大坝子中依旧是以水稻种植为主,但在20世纪90年代,种植旱烟则成为越来越重要的经济作物。除了坝子空间,凶险的山地空间成为这里的主角。对于这些山地空间资源的利用,除了清代中前期左右传入的玉米、红薯、蔬菜等旱地经济作物,目前发展得最为火爆的商品正是茶叶,而且是更为传统的产业内容。因此,虽说这是一个以世居人群为主导的区域社会,而且所有人都声称自己所种植的茶叶是正宗的天印茶,但是真正的生产区域却极为有限,并没有遍及整个都坪镇。事实上,通过调

---

❶ 陆游. 老学庵笔记[M]. 李剑雄,刘德权,点校. 北京:中华书局,1979.

❷ 张民. 浅谈侗族与仡伶和伶[J]. 贵州民族研究,1983(1).

❸ 在湘西一带的苗族村寨调查中,这一情况经常出现,而在空间上,"湘西"与云贵高原东南缘正好接壤。

查发现,都坪镇天印茶的核心产区是上杨柳塘和下杨柳塘两个自然村。

今天,居住在这两个自然村的群体并非世居人群,而是汉族人。他们声称,他们的祖先是因明代洪武随军打仗而定居于此,所以洪姓人口规模最大,占总人口的60%以上,剩下主要是杨姓、陈姓、付姓等姓。这几大姓氏构成了这两个自然村社的主体人群,村中少数非汉族人群主要是嫁到此地的外来女性。通过分析人群身份可以发现,其社会结构和文化特点主要延续着汉族传统文化,如各种节日礼仪、婚丧嫁娶、宗教祭祀等。当然,在一个与世居人群共同生活的区域社会中,文化间的互动和往来,尤其是婚姻圈的建构,文化因子间相互涵化,使其人群文化与社会生活呈现出"地域性"特点,如他们的宗教信仰。

宗教信仰体系中除去汉族社会传统的宗教祭祀,还吸纳了一些当地世居人群的宗教祭祀活动,"桥祭"便是一例。众所周知,在西南地区的广大非汉族社区中,"桥祭"非常普遍。大都是架构在新的桥梁旁边或旧的桥梁边上,形成一个宗教祭祀的"小空间",这个空间可以位于桥的任意一头,多是一个小小的地势稍微平坦的地方,并且又多位于古树下。每月初一和十五或逢年过节,民众会拿着各种祭品前往此处祭祀,祈求平安。在其他日子里,若是遇上有家人身体不适或一些意外的横祸时,人们也会前来进行祈福避灾。

在学理研究中或是人们的普遍观念中,这样的一种祭祀活动是非汉族人群社会中最为普遍的一种文化现象,在汉族社会中较为少见。但是在位于茶产业核心区的上杨柳塘和下杨柳塘的汉族社会中,由于长期与周边的苗、土家、侗等族群的社会互动,使相互间的文化因子互相嵌入,最终形成了一种以传统汉族文化为本底而又间杂周边世居人群文化的汉族社会。也就是说,这里汉族社会的很多文化受到其他族群的影响,形成了相互之间的文化的交融。所以明代以降的天印茶生产体系及其社会运作就是在这样一个交融的文化体系中生根发芽,其生产的诸多要素和对于生态环境的认知,主要以汉族文化为主导下的生产和流通,但也融合了部分少数民族族群的文化特性。在以汉族社会的商品意识与不同时期社会需求为主的历史背景下,天印茶在更为广泛的区域内获得了社会的认可,甚至获得了明清统治者的认可,从而获得了稳定的土贡身份。

三、贡茶：身份变迁与社会运作

唐代陆羽所著《茶经》所载："黔中，生思州、播州、费州、夷州。"[❶]所谓"黔中"，也就是唐朝开元年间的黔中道，为"十五道"之一。唐代的"思州"范围，其旧治大体也就是在今贵州省沿河土家族自治县东部一带，而镇远也在其辖境内，因而地方学者往往将天印茶的贡茶身份追溯到唐代。这是值得慎重考证的一个问题，因为陆羽本人并未明确指出思州所产茶叶为"天印茶"，而且亦指出思州所产之茶为"贡茶"，仅说明思州一带产茶。因此，史料记载的这一不完整性和不确定性，并不能视天印茶获得土贡身份为唐代。通过对杨柳塘人群社会的调查，结合相关史料之记载，尤其是从"大历史"背景出发，有必要重新探讨天印茶贡茶身份的获得过程，以及土贡身份对天印茶自身的历史过程和在区域社会中的变迁过程影响。明晰天印茶的这一历史过程，可以帮助我们建构当代天印茶品牌，从而能够在尊重历史的前提下，从人群文化的传承与保护出发，实现天印茶的当代社会经济价值。既然说到了作为区域的杨柳塘人群，那么在明清时期，天印茶的制作主体乃是明代推行卫所制度下的屯军后裔，这显然与云贵高原上的土司区所生产的茶叶有别。如果将此一类人群纳入社会史的视角来看[❷]，这一人群的社会身份之所以特殊，正表现为他们是明帝国在基层社会具体运作和管理中的不可或缺的人群，其主要职能是占据云贵地区关键要地，确保明帝国对区域社会的有效掌控。也就是说，设置卫所之区域，几乎都是战略要地或交通要道。下面以金鼎山为例。

金鼎山位于天印村，其山体为方形山包样态，凸显于山脊顶部，三面悬崖峭壁，万丈深渊，有一夫当关万夫莫开之势，唯有一侧顺着山脊走向，可以通往山脚坝区。征服这样的地理空间，在冷兵器时期是很艰难的。悬崖中虽有一条"鸟径"亦可通向山脚，但却艰险无比，外人很难知晓。据《〈金鼎山雷鸣寺〉碑》所载：

此境空中盘旋，□□安身之地。来到此地山头上，视有山峰耸入云霄，四周悬崖一条独路盘旋而上。山峰雄伟壮□□□□前□向东与浸而去，真是山清水

---

❶ 陆羽.茶经[M].北京:中国纺织出版社,2006.

❷ 于志嘉.卫所、军户与军役——以明清江西地区为中心的研究[M].北京:北京大学出版社,2010.

秀,虎群龙□,静清安宁,觉福欢也。降下盖头布为寄。当时请明僧卦明卦□,佛要修殿安居也。❶

　　其所载内容,为修建金鼎山雷鸣寺之原委———此处乃绝佳修行之地,但其所描述内容,却真实地勾勒出了此地军事位置之重要。围绕金鼎山而设置的军屯,被称为金鼎屯;包括金鼎屯在内的周边片区,被称为"将军垅"。整个古迹全部由石料垒砌而成,并保存完整。明代屯军及其后期的各种苗民运动,甚至是义和团后期的诸多事件,也曾在这一地区上演过。"咸同之乱"后期,明代屯军后裔洪其汉加入白莲教,并战死于金鼎山上。

　　明清易代,由于这里没有发生大规模的武装械斗和冲突,当地的屯军后裔也就没有被清政府所消灭,而是将他们从军籍改为了普通民籍,因而较为完整地保存了明代的人群结构和空间分布格局。在其文化身份上,明清两代大体上延续了当时的中原汉文化,但是在与周边其他族群的文化互动过程中,出现了或多或少的文化因子变迁。在这个历史变迁过程中,这些人扮演的角色与当地的土司、土民,甚至其他类型的移民或流民,有一定差异。其中比较显著的差异就是所获得的政治待遇不同,由此引发了这些屯军后裔对经济生活的调整。

　　明初,在屯军没有接管金鼎山一带之前,天印茶自然为周边世居人群所生产和利用,但是并没有被打造为流通商品,更没有"天印茶"这一叫法。故而地方学者结合当地故事,推测认为文献所提及的思州茶,即为天印茶的前身,而思州茶是贡茶,故天印茶也当为贡茶。在作为区域行政地理单元的唐、宋、元时期的思州、思南,其州治、地望、具体的行政管辖范围等历史问题尚未取得一致认识的背景下,这种推测显然值得商榷。可是,天印茶获得确切身份认可,则是得益于明初卫所制度的推行。屯军进入杨柳塘生活后,加大了对天印茶的生产、宣传和流通,使得天印茶被区域社会,甚至更广大的社会人群所知晓,由此使得天印茶能够迅速进入市场流通,其中显然屯军及其后裔功不可没。

---

　　❶此残碑名为《〈金鼎山雷鸣寺〉碑》。立于临时搭建的庙宇正殿前面,并无搬迁之痕迹,可见其立碑位置没有发生变动。碑身已毁损多处,未毁损者,亦多处已经风化,字迹难以辨认。据碑文所载内容和落款可知,此碑立于戊寅年(1988年)初一日。主持修建此碑者,为其山下村寨的洪姓和刘姓两大姓人家,且两大姓人家成员为明代屯军后裔。这与当代的田野调查颇为吻合。

　　然而,元明政权交替之时,战乱使得明初社会经济颇受创伤。朱元璋看到前朝一直以来的茶叶朝贡制度引发的社会弊端,尤其是劳动投入和给民间社会造成巨大的生产压力和不便,因此积极寻求改革茶叶市场和茶叶朝贡制度方略。

　　对于改革茶法制度,朱元璋显然是为了加大对地方社会资源的控制,同时也是为了"以充国用",当然也不乏减轻百姓负担之考虑。在明代中期以前,推行这一茶法制度显然是可行的,这一制度也为明帝国的社会经济做出了不小贡献,其影响之大自不待言。

　　在明朝强大之时,卫所军人的生产和生活资本,完全可以依托国家而获得,但从明中期开始,财政难以系统支撑卫所制度运行,这时,卫所军人及其家属不得不探寻更多的谋生之路。将当地的名特优产品投入市场交易,不失为一个最为合理且易于操作的策略。杨柳塘屯军后裔便是利用这样的契机和历史背景,对天印茶进行了商品化运作,以茶换盐,以茶换铁质农具,以茶换布匹等。这应当是天印茶逐步成为区域社会有影响商品的开始,但在明清时期,天印茶是否被定为"贡茶",笔者在这里不敢轻易下结论,因为到目前为止还未有确切的史料表明杨柳塘所产之茶叶在明清时期曾上贡朝廷。更为关键的是,整个明代到清中期,镇远地区都没有留下一部方志。直到乾隆五十四年(1789年),镇远府知府蔡宗建才主持编修《镇远府志》,而该志书亦未明确言及这一地区所产茶叶为贡茶。但可以确认的一点是,镇远府肯定会对辖区内所产茶叶征收赋税,而民间所传吴三桂"以茶易马"的故事,也不是没有可能,但具体是何种茶叶则难以确考。

　　杨柳塘区域社会人群制作和生产天印茶,其背后的社会保障制度才是直接关乎天印茶的命运的根本。换一个角度而言,明清历朝政府规定的茶法制度,事实上是历朝政府对区域资源进行间接性管理的顶层制度设计,即依托对群体完成赋役缴纳,从而强化国家意志。❶于明清历朝政府而言,这是获得地方资源、掌管地方资源信息、经管地方社会、强化国家与地方关系最为直接的有效手段,尤其是针对土司地区的朝贡制度的确立更其明显,贡赋不过是一种礼仪制度规定下的策略而已。当然,于地方社会而言,历朝政府这一贡赋任务,则是必须完成

---

❶ 威廉·罗雪尔.历史方法的国民经济学讲义大纲[M].朱绍文,译.北京:商务印书馆,1981.

的国家强制性行为❶,是不折不扣的社会负担❷。因此,看待这一问题,显然需要进行多方面的思考,利弊均应具体分析。理应将其置于具体历史节点和社会背景下系统分析。

在这样的背景下,杨柳塘区域人群显然需要对栽种茶树、管理茶园、生产茶叶投入更多的精力,以确保天印茶的质量和稳定的产出。因此,明清历朝政府权力的地方化,带动的是"双向性"的历史影响,而这种影响集中在天印茶身上具体体现为,是区域资源的优化与整合,从而确保天印茶能够在地方社会中广为流传,得到社会关注,因而技术与技艺,也就在国家—地方对话中,获得稳定传承和创新。这正是今天尚可见到传统天印茶加工和制作技艺的基本社会保障。如果没有这样的社会保障制度,那么天印茶的传统加工技艺是否能够流传到今天,都需要作另一种方式的评估和探讨。由此可见,社会保障制度是天印茶传承的根本保障,尤其是当天印茶作为文化之物进入区域社会人群的意识形态领域之后,其传承的永久性又得到进一步加强。也就是说,社会保障制度仅仅是其生产技艺传承的中间部分,而其核心的文化意识形态领域,才是天印茶得以长久流行的关键。

四、"史""实"并用:当代天印茶的品牌建构与营销

品牌效应在市场经济中的影响力是有目共睹的,在茶叶领域同样如此。纵观目前五花八门的茶叶品牌建构策略,存在着诸多颇值反思的现象。例如,茶叶品牌的"历史"甚至会追溯到三皇五帝时代。这样的历史研究,很多情况下忽视了对"大历史"客观性的系统考察,因而往往难以切中史实。这是需要谨慎对待的一个问题,切记不可在经济利益的驱动下无限地追溯某一茶叶的历史身份。当然,不可否认的是,区域社会中的人群,在其历史过程中,早已对某一种茶叶有过认知和利用。但在传统社会时期,人群规模显然不及当代,因而人们在社会生活中对于茶叶的使用也不普遍,甚至不会作为一个关键性的文化因子去加以对待,只是当作生活中一个极为普通的隐蔽生活调料而已。更有甚者,由于在传统

---

❶ 方行. 中国封建赋税与商品经济[J]. 中国社会经济史研究,2002(1).

❷ 沈德符. 万历野获编补遗(下册)[M]. 北京:中华书局,1959.

社会时期连汉文字的流通都不普及,尤比如像都坪这样的偏远乡村,因而对天印茶的文本记载,也就难以丰富。这给我们去追溯天印茶的历史产生很大的干扰,导致"证据不足"。因此,我们的论证必须要小心谨慎。

基于人类学的结构功能论,文化因子的产生及其在社会体系中稳定延续,首先得满足社会体系运作的某一需求。这正是文化因子不断产生、另一些文化因子又在这一历史过程中不断被虚化,直至消逝的根本原因所在。这一过程周而复始,不断积累,演变为历史过程。❶基于此,本文以为,天印茶茶叶品牌的当代建构路径,当以人类学的相关理论出发,这样就可以更为理性地看待历史——文化与经济之间的关系。

第一,以乡村振兴为契机,以乡村旅游为推手,挖掘生态茶园的休闲"经济—观光"功能。乡村旅游是当前中国社会非常流行的一种社会经济发展"模式"。这是一个好的契机,但同时亦是一个不小的挑战,因为为了扩大乡村旅游,吸引外来游客,区域社会的人们,特别是地方工作者,往往会对传统文化进行深度挖掘,甚至是不顾史实而过度解读,乃至杜撰,这是万万不可取的。所以对于天印茶茶园的旅游开发而言,一定要避免此类事情的发生。要在推动乡村旅游的过程中,将茶园的历史性和文化性真实地呈现给他者。如此,才可以做到在发展天印茶的同时,尊重天印茶及其区域社会的真实历史。

第二,抓住非物质文化遗产的保护机遇,传承天印茶的传统制作工艺。传统文化的流失是当代中国经济发展过程中,必然面临的一个发展困境,保护非物质文化遗产,不仅是为了尽可能地挽救传统文化,更是为了反思此前的经济发展模式,寻求更为科学的具有可持续发展的新经济发展模式。以此为契机,传承和发展天印茶的传统工艺势在必行,而且还具有了新的时代意义,那就是将传统文化的当代生产力激活,形成新的经济体,这也正是天印茶传统制作技艺的当代传承与创新。

第三,形成具有影响力的天印茶体系。市场经济的一项运行规则,在于只有强大的商品品牌,才能够在与同类商品的市场竞争中占据更多的市场份额。❷在

---

❶ 克洛德·列维-斯特劳斯. 结构人类学(1)[M]. 张祖建,译. 北京:中国人民大学出版社,2006.

❷ 谢京辉. 品牌经济的理论重构及其演化形态研究——兼论中国发展品牌经济的思路[J]. 上海经济研究,2014(4).

调查中发现,天印茶的主产区虽然集中于杨柳塘两个自然村社内,但是在都坪镇龙江河流域的山谷之间也能够生产出高质量的茶叶,而由于产区不在天印村,所以他们的茶叶没能够获得一个合适的市场定位。事实上,他们的茶叶品质与天印茶无异。课题组在与之相隔不到5千米的下屯村调查时发现,当地汉族社会中也生产茶叶,而且产量不小,但是由于不在天印茶的主产区,导致品牌知名度低,市场销路不好,也没有被作为产业进行开发。只有少数几个农户把自己生产出来的茶叶拿到镇远市场上售卖,也拿去给相关行政部门品尝鉴定,而且还拿去请杨柳塘的老人们品尝指导,但最终因影响力太小,没有获得市场的认可。也就是说,天印茶目前依旧处于"单打独斗"的市场运作方式,这既不利于区域社会的整体发展,也不可能将天印茶做大做强,形成更有竞争力的茶叶品牌。因此,可以围绕天印茶建构系列品牌,也就是建构天印茶下面的二级品牌。如此一来,既能够区分出天印茶的核心产区和辅助性产区之间的产品差异,不误导消费者,亦尊重了历史。更重要的是,围绕天印茶形成了新的区域经济发展路径,整合了区域社会的人群社会关系及其资源,可以形成更大的市场和社会应变能力。

总之,建构当代天印茶品牌,不可抛开历史去杜撰,亦不可偏离当地的人群社会生活和文化本质去经营,而应当在尊重历史与文化本真的前提下,结合当代社会发展过程及国家推行的各项新政策进行优化组合,形成区域社会中新的更具生命力的系列茶品牌,在造福区域社会的同时,给中国基层社会发展注入新的动力。